Gabrielle Alioth

IRLAND
Eine Reise durchs Land
der Regenbogen

Mit Fotografien von
Liza Stark

Sanssouci

5 4 3 2 1   07 06 05 04 03

ISBN 3-7254-1273-1
© Sanssouci im Carl Hanser Verlag, München – Wien 2003
Einband, Schuber und Vorsatz: Birgit Schweitzer, München, unter Verwendung von Fotos von Karl-Heinz Raach, Matthias Stoebe und MEV.   Karte: Achim Norweg, München.   Satz: Satz für Satz. Barbara Reischmann, Leutkirch.   Druck und Bindung: Kösel GmbH, Kempten.   Printed in Germany

Vorwort

Es hatte die ganze Nacht geregnet. Ich stand am Bach unten, dort wo er sich in einen kleinen und einen großen Arm teilt. Ich weiß nicht mehr, wie ich dorthin gekommen war; es gab zu jener Zeit erst ein paar Pfade durchs Dickicht, und ich muss unter den tropfenden Büschen hindurchgegangen sein. Es war früh. Die Sonne hing schräg über dem gegenüberliegenden Hang. Das Wasser glitzerte zwischen den braunen Ufern. Es heißt, jeder Mensch habe eine Landschaft, in die er gehöre, und ich war sicher, meine gefunden zu haben.

Das war im ersten Winter. Im Sommer waren wir nach Irland gekommen. Für einige Monate hatten wir in Dublin gelebt, dessen Entfernung von der Schweiz sich noch in Kilometern, Flugstunden messen ließ. Nun war Dezember, und wir wohnten in dem Haus über dem Tal, das in eine andere Welt gehörte. Die Wassertropfen, die an den Spinnennetzen in den dürren Stauden hingen, schimmerten in den Farben des Regenbogens.

Während es Frühling wurde und die Hänge des Tales grün, folgte ich der schmalen Straße zwischen den Weißdornhecken, die an der verlassenen Kirche, dem verfallenen Taubenturm vorbei zum Meer hinunter führt. Ich sah das Dach des Herrenhauses über den Kronen der Bäume, die aufrechten Steine auf dem Hügel, die Schwäne im Schilf nicht weit von der Mündung des Flusses. Und ich entdeckte den Wald, dessen Boden ganz mit Moos überwuchert war. Es war unsinnig, nicht an Feen und Zauberer zu glauben.

Vorwort

Auf den ersten Winter folgte der zweite, der dritte. Ich hörte die Geschichten der Menschen, die diese Insel gefunden und wieder verloren hatten, der ersten Siedler, die vor 5000 Jahren das Land mit Steinmauern in Felder aufteilten und ihre Toten in Grabkammern unter künstlichen Hügeln begruben, in die am kürzesten Tag des Jahres die Sonne scheint. Wir begannen das Dickicht zu roden, und die Singvögel kamen zurück, Buchfinken, Blaumeisen. Die Hunde schreckten Fasane auf, die im letzten Moment aus den Büschen stoben. Manchmal stieg ein Kranich aus den Wiesen und glitt mit gestreckten Schwingen über die Wipfel der Erlen. Ich las von Feldherren und Königinnen, die ihre Befestigungen an den Rändern der Insel erbauten, ohne ihr Herz zu erobern. Wir rissen den Efeu von den Mauern, die den Garten umgeben, und fügten die Steine wieder ein, die die Wurzeln herausgelöst hatten. Ich hörte von den Unzähligen, die aus Armut, Hunger oder Angst die Insel verlassen mussten, ohne sie vergessen zu können, und ich sah die Reste ihrer Häuser unter Brennnessel- und Brombeerstauden. Nach einiger Zeit begannen die Schwäne in unserem Garten zu nisten. Ich las die Legenden, die im 12. Jahrhundert von irischen Mönchen aufgezeichnet wurden, um die Gottlosigkeit der früheren Inselbewohner aufzuzeigen, und verstand, wie sie sich beim Schreiben von den Geschichten bezaubern ließen. Ich erfuhr von der stolzen Königin Maeve, die auszog, um den Bullen von Ulster zu gewinnen, und von Cuchulainn, der allein gegen ihr Heer antrat, während die Männer von Ulster in den Wehen lagen. Ich machte die Bekanntschaft des schlauen Finn Mac Cool, der viele Gestalten hat und jeden Gegner, ja vielleicht sogar den Tod, überlistete.

Im zehnten Jahr sah ich den Eisvogel, der in der Böschung des Baches haust – ein blauer Blitz über dem Wasser. »Jeder Ort hat sein Schicksal«, schreibt Ovid, und wenn wir lange genug an einem Ort bleiben, wird es zu unserem. Es war ein trüber Morgen und es dauerte nur einen Augenblick. Ich werde es nie mehr vergessen.

Vorwort

Heute unterscheiden sich die Winter nicht mehr voneinander, aber jeder birgt die Erinnerung an den ersten und jenen Morgen am Ufer des Baches. Es muss der Regen in der Nacht gewesen sein, die klare Luft, das Licht der Wintersonne, und sie hätte auch in einem anderen Bach glitzern können. Vielleicht werde ich Irland eines Tages verlassen, um an einem anderen Ort zu leben. Aber ich glaube, dass dies meine Landschaft ist, und dieses Buch enthält die Geschichten, die mir die Insel unter dem Regenbogen und ihre Bewohner erzählt haben.

Rosemount, Julianstown, im Herbst 2002

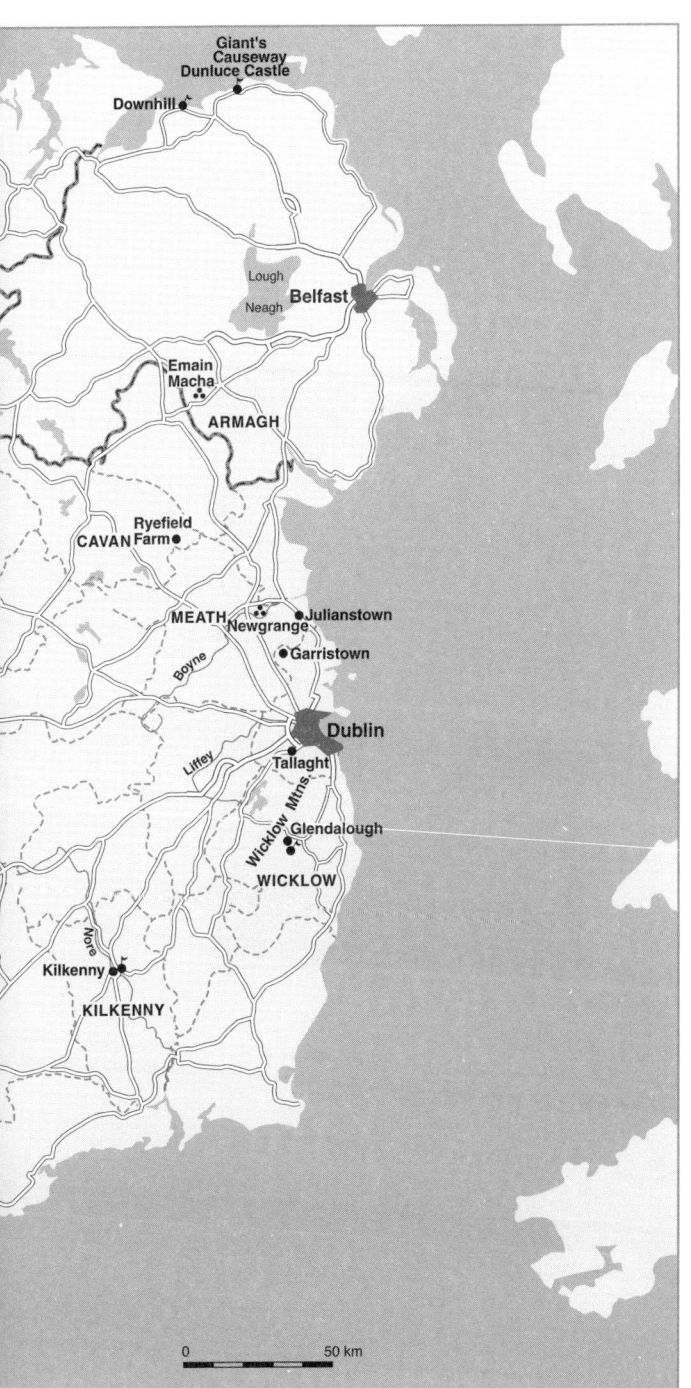

Brot und Regen
In Margarets Küche

Der Regen rinnt in breiten Bächen über die Fensterscheiben. Margaret gießt die Buttermilch in die Mulde im Mehl und beginnt zu kneten.
»Der feuchteste Sommer seit 1950«, meint sie, »den Brokkoli mussten sie wieder unterpflügen.«
Die Bäume vor dem Küchenfenster tropfen wie ein Monsunwald. Dahinter liegt ein braches Feld. Das Mehl in der Plastikschüssel wird krümelig, während Margaret weiter Milch dazu träufelt.
»Nur nicht zu viel«, warnt sie, »denn rausnehmen kann man es nicht mehr.« Allmählich verbinden sich Mehl und Milch zu einem Teig.
»Ich kann mich erinnern, als Brokkoli *erfunden* wurde«, kichert Margaret, »vor dreißig Jahren. Ich war eine junge Hausfrau damals. Meine Schwiegermutter war empört über das neumodische Zeug, das ich ihr am Sonntag zum Mittagessen vorsetzte.«
Margaret wischt die Mehlreste vom Schüsselrand und mischt sie in den Teig. »Auch Salat hat sie nie gegessen, meine Schwiegermutter. ›Wenn der liebe Gott gewollt hätte, dass wir Grünzeug essen, hätte er uns Kaninchenzähne gegeben‹, hat sie immer gesagt.«
Salat war damals ein Tomatenschnitz zwischen hart gekochten Eiern, ein Petersiliebüschel neben einem Stück Käse oder ein Hügel Mayonnaise, der sich als Kohlsalat ausgab. Margaret bestreut den Teig in der Schüssel mit frischem Mehl und formt ihn zu einem Ball.
»Andere Leute machen das auf dem Tisch, aber so muss man nachher weniger sauber machen.« Margaret bäckt alle

paar Tage, wie die meisten Frauen ihrer Generation hier auf dem Land. Die jüngeren kaufen ihr Brot im Supermarkt oder an der Tankstelle.
»Aber es ist nicht das Gleiche«, meint Margaret, »und es gibt wirklich nicht viel zu tun.« Sie holt eine rechteckige Backform aus dem Abstellraum neben der Küche. Etwas verschämt blickt sie auf die braune Mehlkruste darin.
»Man sollte sie nicht auswaschen«, entschuldigt sie sich, »das Brot löst sich dann besser, wenn es gebacken ist.« Sie schiebt die Form zum Vorwärmen in den Ofen.
Margaret kocht mit einer *range*, einem mit Holz, Kohle und heute manchmal auch Gas geheizten Herd, der gleichzeitig das Haus mit Heißwasser versorgt und die Radiatoren in den übrigen Zimmern wärmt. Der runde Thermostat an der Ofentür zeigt auf *medium*. Genauer wird hier nicht gemessen. Die meisten traditionellen irischen Gerichte kochen bei kleiner Hitze über lange Zeit – die Hausfrau konnte so gleichzeitig ihren anderen Arbeiten nachgehen. Auf der einen, lang gezogenen Herdplatte der *range* lassen sich Töpfe je nach Hitzebedarf verschieben, und die Roste und Schubladen des Ofens erlauben alle erdenklichen Varianten von Backen, Garen und Wärmen. Ich selbst habe in den letzten zwanzig Jahren mit meiner *range* kleine und große Gästescharen verköstigt. Sie hat uns äußerlich und innerlich gewärmt und uns auch bei Stromausfall und Hochwasser nicht im Stich gelassen. In einem Anflug feministischen Übermuts habe ich die Nische, in der sie steht, Mitte der 80er Jahre rosa gestrichen, und manche Besucher wundern sich über die Prominenz des nicht gerade schönen Herdes. Aber er ist das Herz unseres Hauses, und ich würde ihn auch für die exklusivste Ausgabe jener glänzenden, getimten, selbstreinigenden und -kochenden Designerträume nicht hergeben, die sich in moderneren Küchen finden.
Margaret streut frisches Mehl in die vorgewärmte Form, legt den Teig hinein und drückt ihn fest. Dann schneidet sie mit einem Messer ein Kreuz in den Laib.

»Nein«, lächelt sie nachsichtig, »das hat nichts mit Religion zu tun. Das ist nur, damit das Brot besser aufgeht.«
Der Regen tropft noch immer von den Zweigen vor Margarets Küchenfenster, aber über dem leeren Feld dahinter scheint der Himmel heller.
»Und der Brokkoli ...«, beginne ich, als wir vor einer Tasse Tee am sauber geschrubbten Küchentisch sitzen, derweil das Brot im Ofen bäckt.
»Natürlich hat es schon früher Brokkoli gegeben«, unterbricht mich Margaret, »aber er gehörte nicht zum Menu.«
»Zum Menu?«
»Ja, unsere Mütter kochten an jedem Wochentag dasselbe: Montag Schinken und Kohl mit Kartoffeln, Dienstag Steak, gebratene Zwiebeln und Kartoffeln, Mittwoch Huhn, Bohnen und Kartoffeln ...«
Ungläubig lausche ich der Liste.
»Aber –?« Ich versuche mir die Eintönigkeit der Wochen vorzustellen.
»Es war praktisch«, erklärt Margaret, »der Metzger hielt das richtige Stück Fleisch bereit, die Hausfrau wusste, wie es gekocht wurde, und die Familie erlebte keine Überraschungen.«
Über dem Fernseher in der Stube stehen die Fotos von Margarets Familie in silbernen Rahmen. Ihr Mann, Tommie, war Bauer, bis er wegen Arthritis nicht mehr melken konnte. Nun hat er sein Land 30 Kilometer nordwestlich von Dublin verpachtet und arbeitet als Gärtner. Paul, sein Sohn, ist der erste in der Verwandtschaft, der einen Universitätsabschluss hat. Er arbeitet in der Computerbranche, und nach der Geburt des ersten Kindes hat er seine Freundin, eine Krankenschwester, geheiratet und mit ihr auf einem Stück von Tommies Land ein Haus gebaut. Auch Martina, die Tochter von Margaret und Tommie, lebt nur ein paar Schritte entfernt. Ihre Hochzeit im letzten September war von langer Hand geplant, mit Brautjungfern in Pfirsichrot, seidenbandgeschmückten Limousinen, federbesteckten Hüten und

natürlich einem großen Essen im Hotel an der Hauptstraße. Wie vor dreißig Jahren gab es da nach der Suppe Rindsbraten, Schinken und ein Stück Truthahn auf einem Teller mit drei Gemüsen – Blumenkohl und Karotten obligatorisch – und natürlich Kartoffelbrei mit dicker Bratensauce, dazu eine Baked Potato, in der man beliebig viel Butter zerschmelzen lassen kann, und Pommes frites. Die runde Kellnerin strahlte, als mein Tischnachbar sich den Teller zum zweiten Mal voll schöpfen ließ: »Good man!« Ein richtiger Mann muss essen.

»Heute ist natürlich alles anders«, unterbricht Margaret, die das Brot eben vom obersten Rost des Ofens auf den untersten verschoben hat, meine Erinnerungen. »Heute essen die Leute vor dem Fernseher das, was sie im Fernsehen sehen.« Die irischen Teenager, die als Kinder beim Anblick einer grünen Bohne noch Schreikrämpfe bekamen, ernähren sich unterdessen von Mangos und Chili. Sie kennen den Unterschied zwischen Nachos und Tortillas und kochen ihre eigenen Currys. Der ›keltische Tiger‹, wie der Wirtschaftsaufschwung der letzten Jahre spöttisch genannt wird, hat vielen gut ausgebildeten Iren, die wegen mangelnder Arbeitsplätze ins Ausland abgewandert waren, erlaubt nach Irland heimzukehren. Sie haben internationale Lebens- und Essgewohnheiten zurück gebracht; und da sind die Iren, die ihre Ferien im Ausland verbringen. Durch sie alle ist Irland kulturell und kulinarisch kosmopolitisch geworden.

Margaret nickt: »Vor allem die italienische Küche hat sich sehr verbreitet.« Die französische – insbesondere die Nouvelle Cuisine – war allein schon wegen der vielen leeren Flächen auf dem Teller zum Scheitern verurteilt. Margaret erinnert sich, wie sie zum ersten Mal zu Spaghetti bolognese eingeladen wurde. Die Gastgeberin stellte eine Schüssel Kartoffeln dazu auf den Tisch, damit niemand hungrig blieb.

Und dann – Margaret kichert – habe sie selbst begonnen Lasagne zu kochen. Aber es schmeckte nicht wie im Restaurant; bis sie die Anweisungen auf der Packung richtig las und merkte, dass man die Teigblätter kochen musste, *bevor* man sie mit dem Fleisch und der Sauce in die Gratinform legte.

Aus dem Backofen steigt ein angenehmer Duft.

»Das Brot wird nicht immer gleich gut«, warnt Margaret, »und du wirst sehen, wenn du das Rezept zu Hause ausprobierst, kommt es anders raus, auch wenn du die gleichen Zutaten verwendest, das Gleiche tust.« Ich denke an die magischen Töpfe der irischen Legenden, deren Inhalt Tote zum Leben erweckte.

Im Himmel über dem umgegrabenen Feld ist ein blauer Fleck zu sehen. Margaret holt den fertigen Laib aus dem Ofen, und er gleitet mühelos aus der Backform auf das bereitstehende Gitter.

»Wunderbar«, sage ich, doch Margaret schüttelt den Kopf. »Es ist nicht genug aufgegangen.«

»Das Wetter«, tröste ich sie, »die Feuchtigkeit …«

Margaret nickt: »Man soll das Brot nicht vor dem Backen loben.«

Während ich – den wassergefüllten Schlaglöchern ausweichend – über den Hügel zur Hauptstraße zurückfahre, tut sich der Himmel vor mir auf, und von der Kuppe reicht der Blick mit einem Mal über Felder und Weiden bis zum Meer. Knapp zwanzig Kilometer trennen diese Insel an der schmalsten Stelle der Irischen See vom Rest Europas, und doch ist es eine andere Welt.

Ich parke mein Auto im Straßengraben und zwänge mich durch eine Lücke in der tropfenden Hecke auf eine Wiese. Die Wolken ziehen in weißen Bänken nach Osten. Auf einem Feld weiter unten scheint die Sonne. Wie oft bin ich in den letzten Jahren hier durchgefahren, ohne diese Aussicht zu sehen?

»The Hill of Gabhra«, sagt eine Stimme hinter mir. Überrascht drehe ich mich um und blicke in das Gesicht eines

alten Mannes. Er trägt einen abgewetzten Kittel, ausgebeulte Hosen und eine Tweedmütze. Wie aus einem Reiseprospekt, fährt es mir durch den Kopf.
»Die Tourismusbehörde sollte hier ein Schild aufstellen«, verkündet der Alte verärgert. »An jedem Laternenpfahl, an den ein irischer Hund gepinkelt hat, hängt inzwischen ein Schild.«
Ich weiß nicht, was ich dazu sagen soll.
»Garristown«, erklärt er ungeduldig, »so nennen sie es heute. Es gab keine größere Schlacht in Irland als die Schlacht von Garristown …«
Die Augen des alten Mannes sind von einem wässrigen Blau.
»… danach war alles verloren.«
Ist er betrunken? Er steht vor der Lücke in der Hecke, die mich von meinem Auto trennt.
»Garristown«, wiederhole ich, um ein Lächeln bemüht. Ich kenne den Namen von Wegweisern.
»Der König von Tara missgönnte uns unser freies Leben in den Wäldern.« Die wässrigen Augen werden schwermütig. Der letzte König von Tara hat vor über tausend Jahren gelebt, und die Wälder, die einst die ganze Insel bedeckten, wurden im 19. Jahrhundert abgeholzt, um die damalige Kolonialmacht Großbritannien mit Holzkohle und Eisenbahnschienen zu versorgen.
»Darum musste Osgar sterben, der Sohn meines Sohnes …«
Der Rest des Satzes verliert sich in einem trockenen Räuspern. Osgar war der Enkel des irischen Sagenhelden Finn Mac Cool. Der Alte *muss* betrunken sein. Beharrlich lächelnd dränge ich an ihm vorbei auf die Lücke in der Hecke zu: »Ich muss …«
Der wässrige Blick hängt noch immer in der Ferne.
Erleichtert drehe ich den Schlüssel in der Zündung. Das Auto ist vom Duft des frisch gebackenen Brotes erfüllt, das Margaret mir mitgegeben hat. Die Straße im Rückspiegel bleibt leer, während ich den Hügel hinunter fahre. Vor mir

spannt sich ein Regenbogen über den Himmel, an dessen Ende, den irischen Sagen nach, ein Topf voller Gold vergraben ist. Nach einigen Minuten bin ich auf der Hauptstraße.

Soda-Brot

Margarets Rezept:
1 1/2 Tassen Vollkornmehl (165 g)
3 Tassen Weißmehl (330 g; Margaret verwendet das hierzulande erhältliche ›self-raising‹-Mehl, in das bereits Baking Soda (Kaiser-Natron) gemischt ist. Dafür nimmt sie dann nur 1/2 TL Baking Soda)
1 TL Salz
1 TL Zucker
1 gehäufter TL Baking Soda (oder Backpulver nach Angaben des Herstellers)
ca. 1/2 l Buttermilch

Den Backofen auf 200 °C vorheizen und die trockenen Zutaten in einer Schüssel mischen. Langsam die Buttermilch dazugeben und die Mischung kneten, bis ein weicher, aber nicht klebriger Teig entsteht. Mit etwas Mehl zu einem Laib formen und diesen in eine mit Mehl bestreute Backform oder auf ein Blech legen. Mit einem Messer ein Kreuz einschneiden und den Teig sofort in den Backofen geben. Lässt man den Teig zu lange stehen, verliert sich die Wirkung des Sodas und er geht nicht auf. Das Brot zuerst 20 Minuten auf der obersten Schiene, dann noch etwa 30 Minuten auf der untersten Schiene des Ofens backen, bis das Brot hohl klingt, wenn man darauf klopft.

Träume
Von Nobelpreisträgern
und Nierchen

Der Regen hat wieder eingesetzt und der gegenüberliegende Hang des Tales liegt hinter einem grauen Schleier.
»Der Verstand kann sich nicht festigen in dieser weichen, feuchten Luft.« Ich stehe vor dem Bücherregal und blättere in *John Bull's Other Island*, dem Theaterstück von Bernard Shaw. Der 1856 in Irland geborene Dramatiker, der fast sein ganzes Leben in London verbrachte und zu einem bissigen Kritiker seiner Heimat wurde, hatte keinen Zweifel, dass alles Übel vom irischen Wetter kommt: »Alles ist Traum, Fantasie ... das spart Denken, spart Arbeiten, spart alles außer Fantasie und diese ist eine solche Folter, dass sie nur mit Whiskey auszuhalten ist.« Der alte Mann auf der Wiese fällt mir ein, Margarets Geschichten von früher. »Zum Schluss wird alles Wirkliche unerträglich, man stirbt lieber, als eine Mahlzeit zu kochen, läuft lieber dreckig herum, als sich zu waschen ...« Hat die irische Küche deshalb einen so schlechten Ruf? Seine eigene Fantasie hat Shaw 1925 den Literaturnobelpreis eingebracht.
Von größerer kulinarischer Zuversicht zeugen die Werke jenes Iren, der zwar nie mit Nobellorbeer gekrönt wurde, der sich selbst aber für den größten Schriftsteller des 20. Jahrhunderts hielt: James Joyce.
Bereits in den frühen Morgenstunden marschiert Mr. Leopold Bloom, der Held von *Ulysses*, zum Metzger, um sich dort Nierchen zu kaufen, denn er »aß mit Vorliebe die inneren Organe von Vieh und Geflügel. Er liebte dicke Gänskleinsuppen, leckere Muskelmägen, gespicktes Bratherz, panierte kross geröstete Leberschnitten, gerösteten Dorschrogen. Am allerliebsten hatte er gegrillte Hammelnieren, die sei-

nem Gaumen einen feinen Beigeschmack schwachduftigen Urins vermittelten.«

Mit seinem 1922 erschienenen Werk begründete Joyce seinen eigenen Ruhm und denjenigen seines Helden Leopold Bloom, Anzeigenverkäufer und betrogener Ehemann, abgefallener Katholik jüdischer Abstammung, Kleinbürger und Optimist – ein Jedermann des 20. Jahrhunderts. Während Bloom beim Metzger für seine Nierchen ansteht, betrachtet er die kräftigen Hüften des Dienstmädchens aus dem Nachbarhaus. »Gesundes Fleisch, die da, wie eine stallgefütterte Färse«, geht es ihm durch den Kopf. Doch bis er selbst seinen Einkauf getätigt hat, ist sie verschwunden und seine Hoffnung, »hinter ihrem schaukelnden Schinken« zu gehen, zerschlägt sich.

Wieder zu Hause, bringt Bloom seiner Frau Molly das Frühstück ans Bett. Dabei entspinnt sich ein Diskurs über Metempsychose: »Manche Leute glauben, dass wir nach dem Tod in einem anderen Körper weiterleben«, erklärt Bloom. »Dass wir alle schon vor tausend Jahren auf Erden gelebt haben oder auf einem anderen Planeten«, bis Molly ihn unterbricht:

»Das riecht doch verbrannt hier, sagte sie. Hast du was auf dem Feuer gelassen?

Die Nieren!, schrie er.«

Von Blooms angebranntem Frühstück, das er mit der Katze teilt, bis zur Heimkehr ins Bett seiner Frau in den frühen Morgenstunden des folgenden Tages beschreibt Joyce in loser Anlehnung an Aufbau und Ablauf des antiken Epos die Geschehnisse, Gedanken und Gefühle, die seinen Odysseus auf dessen Wanderung durch Dublin bewegen – tausend Seiten über die Ereignisse eines einzigen Tages, den 16. Juni 1904; den Tag übrigens, an dem James Joyce zum ersten Mal seine zukünftige Frau Nora ausführte.

Joyce hat, wie Oscar Wilde, Shaw und Beckett, Irland in jungen Jahren verlassen, aber würde Dublin morgen vom Erdboden verschluckt, behauptete er, könnte man es aus seinem

Roman wieder aufbauen. Tatsächlich enthält *Ulysses* eine Fülle von Angaben über die Stadt, ihr Aussehen, ihre Bewohner und Geschäfte. »Ein schreckliches Zerrbild von Personen, Ereignissen und einem intimen Leben der morbidesten und übelsten Art«, wetterte die *Dublin Review* beim Erscheinen des Romans, und der irische Zensor setzte das Buch auf die schwarze Liste. Heute sind die Dubliner ihrem berühmten Bürger freundlicher gesinnt und jene, die sich im Roman erwähnt finden, sind stolz darauf; selbst die Metzgerei F. X. Buckley, von der Joyce behauptet, ihr Corned Beef sei »so salzig und zäh wie der Arsch von Lots Frau«.
Obwohl – oder gerade weil – sich Dublin in den letzten Jahren so rasch gewandelt hat, kann man unverändert Leopold Blooms Spuren folgen. Im Pflaster eingelassene Messingplatten geleiten die Besucher durch die von ihm durchschrittenen Straßen, und an kaum einer Theke in der Stadt lässt sich das Glas an die Lippen heben, ohne dem bebrillten Blick von Blooms berühmtem Schöpfer zu begegnen. Jeder Ire scheint in der Lage, bei gegebenem Anlass Joyce zu zitieren, und es dauert eine Weile, bis man merkt, dass es meist die gleichen paar Zeilen sind. Die wenigsten Iren haben das Buch tatsächlich gelesen, aber es wird auch immer überflüssiger. Denn der von der Stadt geprägte Roman hat längst begonnen, die Stadt zu prägen. Im Sog von Enthusiasten und Touristen werden Dublin und die Dubliner zunehmend zum Freilichtmuseum ihrer literarischen Vorlagen: Joyce-Land.
Jedes Jahr am 16. Juni ziehen Einheimische und Zugereiste in Strohhüten und Gehröcken durch Dublin und feiern lesend und trinkend den Bloomsday. Im Grunde, meint Fritz Senn, Leiter der Zürcher James-Joyce-Stiftung, bestehe *Ulysses* aus einer Reihe von Pub-Szenen. Sogar im Krankenhaus werde noch Bier getrunken, und im Pub spiele sich ja auch ein großer Teil des Lebens der irischen Männer ab.
»Männer, Männer, Männer. Hoch hockend auf hohen Hockern an der Bar, die Hüte zurückgeschoben, an den Tischen

Träume

nach Brot rufend, mehr Brot, das es gratis gab, saufend voll Gier, schlagweise den Dreckfraß verschlingend, mit quellenden Augen, benäßte Schnurrbärte wischend.« So sieht Bloom seine Geschlechtsgenossen beim Mittagessen. »Ein Mann mit einem soßebekleckerten Kinderlätzchen um den Hals schaufelt sich gurgelnde Suppe in den Schlund. Ein anderer Mann spuckt wieder aus auf seinen Teller: halbzerkleinerte Knorpel, keine Zähne mehr, sie zu kaukaukauen.« Keinen Bissen, beschließt Joyce, würde sein Held hier runterkriegen, und lässt ihn in der Tür des Lokals umkehren. Stattdessen entscheidet sich Bloom für einen kleinen Snack in Davy Byrne's Pub in der Duke Street: Dort bestellt er ein Glas Burgunder und – nach einem typisch Joyce'schen Schwall von Gedanken über Sardinen, eingemachtes Fleisch, Kannibalismus und seine stimulierenden Wirkungen auf die männliche Potenz, jüdische Essregeln, Religion und Katerstimmung – ein Käsesandwich.

Natürlich wird im Pub nicht nur getrunken und gegessen, sondern immer auch geredet, erzählt, imitiert, parodiert, genau wie in Joyce' Buch. *Ulysses* ist und bleibt eine perfekte Einführung ins irische Leben, und selbst für den, der dem Rat des *Daily Herald* von 1922 folgend den Schluss zuerst liest und die Mitte überspringt, verändert es die Sicht. Während der nach Hause zurückgekehrte Bloom den Wanderungen eines neuen Tages entgegenschlummert, setzt seine Ehefrau Molly zu einem nächtlichen Selbstgespräch an. Vierzig Seiten lang denkt sie ohne Punkt und Komma über Liebe, Liebhaber und das Leben nach und über das Menu von morgen: »... ich glaube ich hol mir etwas Fisch morgen oder vielmehr heute es ist doch Freitag ja das mach ich mit etwas Blancmanger mit schwarzer Johannisbeermarmelade ...«, bevor sie das Buch mit ihrem berühmten, lebensbejahenden ›Ja‹ beendet.

Vor dem Fenster dämmert ein feuchter Abend, und ich stelle *Ulysses* ins Regal zurück. *Götter und Krieger* steht auf dem

Buchrücken daneben. Ich ziehe den Band heraus und blättere durch das Inhaltsverzeichnis – da: ›Die Schlacht von Gabhra‹, die der alte Mann auf der Wiese erwähnte: »Und es war auf dem Hügel von Gabhra, wo die zwei Armeen sich trafen, und es waren zwanzig Männer mit dem König von Tara für jeden Mann, der mit Finn war.« Ich versuche mich an das Gesicht des Alten zu erinnern. »... und keine größere Schlacht gab es in Irland als diese.«
Die Lanze des Königs durchdringt Osgars Körper und zwingt ihn in die Knie. Mit letzter Kraft wirft er seinen Speer der neun Zaubersprüche gegen den Angreifer und verwundet ihn tödlich. Weinend wendet sich Finn Mac Cool von seinem toten Enkelsohn ab. »Alles Gute, das ich je hatte, ist mir nun genommen.« Ich sehe die wässrigen Augen des Alten vor mir.
Finn Mac Cool, der Anführer der Fianna – was übersetzt soviel wie ›Bande, Familie‹ heißt – ist neben Cuchulainn der berühmteste Held der irischen Sagen. Als Jäger, Krieger, Prophet, Liebhaber, Narr und Rebell erlebt er unzählige Abenteuer und stirbt 283 kurz nach der Schlacht von Gabhra. Oder auch nicht, denn manche Berichte behaupten, er schlafe nur, bis Irland ihn in der Stunde der Not zu Hilfe ruft.

Von Beltane, dem 1. Mai, bis Samhain, dem 1. November, waren Finn Mac Cool und seine Gefährten mit ihren Hunden in den Wäldern auf der Jagd, und noch heute sind in Irland Gruben zu sehen, in denen zu jener Zeit die erlegte Beute gekocht wurde, wobei die Vorstellungen über die Methode variieren. Eine Theorie geht davon aus, dass man das rohe Fleisch in Stroh packte, um das Verbrennen zu verhindern, und es dann zwischen Schichten von Steinen legte, die zuvor im Feuer erhitzt wurden. Beim anderen Verfahren wurde die Grube mit Wasser gefüllt, das wiederum durch heiße Steine gewärmt und in dem das Fleisch weich gekocht wurde.

Träume
Irish Stew

Was aus den irischen Kochgruben kam, muss eine Vorform des Irish Stew gewesen sein. Spricht man heute außerhalb Irlands von irischer Küche, fällt unweigerlich der Name dieses Lamm- und Gemüseeintopfs, wenngleich er hierzulande lange nicht so populär ist, wie Nicht-Iren das oft vermuten. Ursprünglich wurde eher Hammel- als Lammfleisch verwendet, das mit den anderen Zutaten während Stunden in einem Topf gekocht wurde. Es gibt einen alten Streit, ob Irish Stew mit oder ohne Karotten zubereitet werden soll. Traditionalisten lehnen es ab, aber zweifellos tragen Karotten zum Geschmack bei, und manche Köche fügen je nach Jahreszeit auch noch anderes Gemüse hinzu. Irish Stew ist keine festliche Mahlzeit, aber an kalten Tagen verströmt allein schon sein Duft Behaglichkeit.

Irish Stew

Für 4 Personen:
$1^1/_2$ kg Lamm- oder Hammelfleisch (z. B. aus der Keule und/oder vom Hals)
1–2 EL Öl oder anderes Fett zum Braten
3 große Zwiebeln
frischer Thymian und frische Petersilie
3–4 Karotten
ca. $^1/_2$ l Gemüse- oder Fleischbrühe
Salz und Pfeffer
6 Kartoffeln

Das Fleisch in Stücke oder Scheiben schneiden und im Öl portionsweise anbraten. In eine Kasserolle geben. Die Zwiebeln schälen, eine Hälfte fein hacken, die andere Hälfte grob schneiden. Kräuter waschen, trockenschütteln und klein schneiden. Zwiebeln zusammen mit den Kräutern kurz anbraten und ebenfalls in die Kasserolle geben. Karotten schälen und in dicke Scheiben schneiden. Darauf verteilen. Die Brühe darüber gießen, so dass alles bedeckt ist, und mit Salz und Pfeffer würzen. Das Ganze zugedeckt aufkochen und im auf 150 °C vorgeheizten Backofen etwa 1 1/2 Stunden (wenn Hammelfleisch verwendet wird, 2 1/2 Stunden) garen. Die Kartoffeln schälen, dazugeben und nochmals bei 180 °C 30 Minuten garen.

Maeve, von der dieses Rezept stammt, kocht das Stew ohne die Kartoffeln am Tag zuvor, lässt es abkühlen und schöpft die Fettschicht ab, bevor sie den Eintopf mit den Kartoffeln vor dem Essen weiterkocht. Die Kartoffeln sollten in runde Stücke geschnitten werden, so dass sie möglichst wenig Kanten haben, da sie sonst beim Kochen leicht zerfallen. Maeve empfiehlt zudem, für den Geschmack auch einige Lammknochen mitzukochen.

Gemüse und Gedichte
Frauenemanzipation auf irisch

Eine Kirche, eine Schule, ein Postamt, zwei Pubs und ein paar Häuser an der Hauptstraße zwischen Dublin und Belfast – Julianstown, das Dorf, in dem ich seit zwanzig Jahren wohne, könnte überall in Irland sein. Bevor man es sieht, sagen die Einheimischen, ist es vorbei. Einzig im Frühling, wenn die struppigen Zierkirschen zu beiden Straßenseiten sich für ein paar Wochen in rosarote Blütenwolken verwandeln, zieht es den Blick der Durchfahrenden auf sich. Vor einiger Zeit wurde die zu allen anderen Jahreszeiten unansehnliche Baumreihe durch eine Zeile scharfkantiger Stauden ergänzt: Neuseeländer Flachs, dessen lanzenförmige Blätter im feuchten irischen Klima bis zu drei Meter hoch werden – das Geschenk eines Dorfbewohners.

Doreen und Ted, ein erfolgreicher Geschäftsmann aus der nahen Provinzstadt, zogen vor vielen Jahren nach Julianstown, um in ländlicher Umgebung ihren Traum vom großen Garten zu verwirklichen. Auch in Irland gehört die Leidenschaft für Blumen und Bäume zu den Attributen des Wohlstandes, und überall lassen sich Parkanlagen bewundern, die frühere Generationen von finanzkräftigen Gartenfreunden geschaffen haben.

Auf der grünen Insel gedeiht fast alles, Palmen und Rhododendren am Straßenrand, Feigenbäume und Bougainvillea in geschützten Lagen. Eines Tages stieß ich in Doreens Garten auf einen Artischockenstrauch.

»Was machst du für eine Sauce dazu?«, fragte ich begeistert.

»Sauce?«

»Zu den Artischocken«, erklärte ich in Erinnerung an mediterrane Tafeln.

Doreens Gesicht zuckte, dann brach sie in Gelächter aus. »Hast du das gehört?«, rief sie Ted zu, der mit einem Schubkarren voll Kompost vorbeiging, »Gabrielle *isst* Artischocken!« Später zeigte sie mir die Blumenarrangements, für die sie die Sträucher züchtete, von sichtlichem Mitleid erfüllt über die Vorstellung, die hartblättrigen Knospen auf dem Teller zu haben.

Doreen und Ted waren sich einig, dass ein Garten nicht nur aus Gras und Gemüse besteht, und während sie ihre Rabatten Jahr für Jahr verlängerte, begann er, Holzbänke und Graniturnen unter den Sträuchern zu verteilen. Zwischen Himbeeren und Hundehütte wurde ein steinerner Torbogen errichtet, und auf einer Säule vor der Garage ruhte eine mexikanische Betonsphinx mit den Ausmaßen und dem Gesichtsausdruck einer Bulldogge. Teds wahre Liebe aber galt den Bäumen: Eichen, Erlen und Eschen. Nach ein paar Jahren schon fiel deren Schatten auf die Blumenbeete. Doreen grub ihre Gladiolen aus und pflanzte die Pfingstrosen an einen anderen Ort. Ted setzte Nussbäume und Kastanien. Doreens Lilien welkten. Ted kaufte Kiefern. Als der Zaun, der diese vor Hunden und Kindern schützen sollte, den Zugang zu den Tulpen versperrte, griff Doreen zur Drahtschere. Der Konflikt schoss über Nacht ins Kraut und trieb die sonderbarsten Blüten. Schweigend wurden Grenzen gezogen, Gräben gegraben. Im Garten wuchs das Schlachtfeld einer gescheiterten Ehe.

Als die irische Bevölkerung im November 1995 endlich der Einführung der Ehescheidung zustimmte, waren die Anwälte längst an der Arbeit. Im Jahr darauf fuhr Doreen, das Auto voll Wurzeln und Zwiebeln, hinter ihrem Möbelwagen zum letzten Mal an Teds Tannen und Thujen vorbei. Nun blühen die Gladiolen in ihrem eigenen Garten. Ted hat die Blumenbeete durch steinerne Terrassen ersetzt, und der imposante Neuseeländer Flachs ziert die Straße von Julianstown. Er gedieh bereits in ihrem Garten, als sie ein-

Gemüse und Gedichte

zogen, erinnert sich Doreen, und sie hätten sich beide seinetwegen in den Ort verliebt.

Von Julianstown führt die Straße südwärts durch die üppigen Felder der Grafschaft Meath in jene Gegend, die als der Gemüsegarten Irlands bezeichnet wird. Wer an einem klaren Tag mit dem Flugzeug in Dublin landet, sieht die zahllosen Gewächshäuser nördlich der Stadt zwischen Kohl- und Zwiebeläckern in der Sonne schimmern. Vom Auto aus wird die Sicht meist durch Hecken verstellt, und schon bald beginnen dahinter die wuchernden Vororte Dublins, Siedlungen aus unzähligen identischen Häusern, Giebel an Giebel, mit winzigen, ummauerten Gärtchen, von künstlich gekrümmten Straßen durchzogen, in denen man sich tagelang verfahren kann – Ghettos für Kleinfamilien, aus denen die Männer in die Pubs fliehen und in denen irische Mütter ein isoliertes Dasein fristen, es sei denn ...
»Narren, diese Poeten in den Pubs,
die ihre empfindlichen Seelen
in schwarzen Trauer-Pints ertränken
für ein unbegonnenes Gedicht.«
Jeden Freitagmorgen um zehn trifft sich Pauline Fayne mit ein paar anderen Frauen bei Kaffee und Keksen im kasernenartigen Gemeindezentrum der Dubliner Satellitenstadt Tallaght. Neuigkeiten werden ausgetauscht, Ereignisse besprochen, und irgendwann kehrt Stille ein. Jede Frau sitzt mit Kugelschreiber oder Bleistift über ein Stück Papier gebeugt. Zwischen den dampfenden Tassen liegen alte Fotos, ein Armband, ein Würfel, ein kleiner Plastikstiefel – Inspirationshilfen. »Inspiration, das ist ein schönes Wort«, murmelt Aíne, »das spar ich mir für ein anderes Mal auf.« Brigid zerreißt ihr Blatt und beginnt von neuem. Die meisten Frauen am Tisch schreiben seit vielen Jahren Gedichte. Ihre Gruppe nennen sie nicht ohne Augenzwinkern ›Wäscheleine‹, ein Ort, an dem sie ihre Gedanken und Gefühle aufhängen können. Heute soll über einen leblosen Gegen-

stand geschrieben werden. Kate hat ihren Ex-Mann gewählt: *a vegetable* – ein Gemüse. Aber was für eines? Ein Kohlkopf vielleicht? Nein, Kohl hat Eisen und ist gesund. Rosenkohl? Armer Rosenkohl – nein. Eine Rübe? Ein Maiskolben! Eine Sammlung von Pickeln um einen strohigen Kern, der auf dem Teller herumrutscht, bis man ihn auf beiden Seiten aufspießt.

Die Dichtkunst wird in Irland seit alters her hoch geschätzt. Ein guter Dichter, so heißt es in den Legenden, muss das Lied der Freude und das der Trauer kennen und das Lied, das die Menschen in Schlaf hüllt. Und Dichten war oft mit Essen verbunden. Druiden und Krieger unterhielten die Gäste der großen Bankette mit ihren Versen. Jeder Bewerber musste die zwölf Bücher der Dichtkunst beherrschen, bevor er in die Fianna aufgenommen wurde, und ihr Anführer Finn Mac Cool verstand es, sich mit süßen Worten in die Herzen mächtiger Herren und schöner Frauen hineinzureden und aus vielen schwierigen Situationen heraus.

Die ›Wäscheleine‹, erklärt Pauline, die Leiterin, sei keine Frauengruppe sondern eine Schreibgruppe, und sie hätten auch schon männliche Mitglieder gehabt. Aber die Männer seien rasch beleidigt, wenn man ihre Gedichte kritisiere.

»Und Narren auch all jene, die Städte
und Menschen flüchten,
auf der Suche nach Inselruhe,
in der gebärende Tinte fließt ...«

Mit 70 000 Einwohnern wäre Tallaght – läge es nicht am Westrand Dublins – die drittgrößte Stadt der Republik Irland. Kilometer um Kilometer wuchern hier die Billighäuschen ins Land hinein, und wer auf die teuren öffentlichen Verkehrsmittel angewiesen ist, braucht Stunden, um ins Zentrum von Dublin zu gelangen. Annette, das jüngste Mitglied der ›Wäscheleine‹, ist knapp 30, Mutter von zwei kleinen Kindern. Aíne, die Älteste, ist um die 70. »An diesen Freitagen«, sagt sie, »entkommen wir der Wirklichkeit. Für eine kurze Zeit vergessen wir, was da draußen geschieht, unseren langweiligen Alltag. Wir reden über das, was uns in den Sinn kommt, wir schreiben über das, was wir denken.« Und natürlich macht das Ganze auch Spaß. Erklärungen und Kritik münden in Gelächter. Zwei Gedichtsammlungen haben sie bereits veröffentlicht. »Der Versuch ein Gedicht zu schreiben«, steht im Vorwort des einen Bandes, »ist besser, als gar kein Gedicht zu schreiben.«

»… während hier zwischen grauen Straßen
und Himmel verkohlenden Kaminen
die Wirklichkeit ihre Räder
mit göttlichem Übermut dreht.«

Natürlich verwenden die Irinnen Gemüse nicht nur für Blumenarrangements und Gedichte, sondern auch zum Kochen, wobei Kohl nach wie vor als *das* Gemüse gilt.

Kale mit Kartoffelbrei

Für 4 Personen:
1 Kopf Kale (Grünkohl)
reichlich Fleisch- oder Gemüsebrühe
ca. 1 kg mehlig kochende Kartoffeln
150–200 g Butter
200–300 g Sahne
Salz, Pfeffer und Muskatnuss

Die krausen Kohlblätter vom Strunk lösen, gründlich waschen und in der Brühe etwa 10 Minuten kochen, so dass sie noch Biss haben. Gut abtropfen lassen und in feine Streifen schneiden. Die Kartoffeln schälen und kochen, mit Butter und Sahne zu Kartoffelbrei verarbeiten und mit dem Kohl mischen. Mit Salz, Pfeffer und Muskatnuss würzen.
Gekochter Kale hat einen etwas rauchigen Geschmack und kann auch ohne Kartoffelbrei mit Butter, Sahne und Muskatnuss angerichtet werden.

Stars und Staus
Die lange Fahrt nach Dublin

A star lit up like a cigar, strung out like a guitar..., singt Bono aus dem Autoradio während ich aufs Zentrum von Dublin zufahre. U2 – die heute weltberühmte, irische Rockband – gehört zu den großen Erfolgsgeschichten dieser Insel. Als die Gruppe im Herbst 2000 nach Slane in der irischen Grafschaft Meath zurückkam, dem Ort, wo sie vor zwanzig Jahren als Beiprogramm für Thin Lizzy einen ihrer ersten Auftritte hatte, waren die 80 000 Tickets in zwei Stunden ausverkauft, und Bertie Ahern, der irische Premierminister und U2-Fan der ersten Generation, erteilte eine Spezialgenehmigung für die Durchführung eines zweiten Konzerts. *People find all kinds of things that bring them to their knees.*
Ein Rotlicht bringt mich zum Halten. Ich bin in Chapelizod – eine irische Verballhornung von Chapelle d'Iseult – am Westrand von Dublin. Rote Backsteinhäuschen säumen die Straßen, ein paar Pubs, eine verlassene Fabrik, eine Tankstelle. In *Finnegans Wake*, dem letzten und kryptischsten Werk von James Joyce, dessen Titel als ›Finn again awake‹ – Finn wieder erwacht – gelesen werden kann, stellt sich der Autor vor, Finn Mac Cool, ein Riese nun, liege unter Dublin, den Kopf im nördlichen Howth, sein Körper, durch den Fluss Liffey fließt, unter der Stadt und seine Füße hier in Chapelizod. Eine Schar Schulkinder überquert den Fußgängerstreifen, hinter ihnen ein älterer Mann, Kittel, ausgebeulte Hosen, kenne ich ihn? Metempsychose, erklärte Leopold Bloom seiner Frau, sei der Glaube, dass wir nach dem Tod in einem anderen Körper weiterleben... der Wagen hinter mir hupt. Es gibt viele Iren, die so aussehen, und ich fahre weiter – zehn Meter –, dann hält die Autoschlange

erneut. *You're out of luck ... the traffic is stuck, you're not moving.*
Es war einmal – und das ist noch nicht so lange her –, da konnte es geschehen, dass man in Dublin auf der Straße stehen blieb, um einem Auto nachzuschauen. Die bewunderten Gefährte hatten meist eine heutzutage Hausfassaden auf irischen Postkarten vorbehaltene Farbe und vermochten sich – von Schnüren und Drähten zusammengehalten – weit über die kühnsten Kalkulationen ihrer Hersteller hinaus noch fortzubewegen. Den Regeln der Schwerkraft trotzend kündigten sich diese Beweise menschlicher Erfindungsgabe meist durch lautes Knattern an und ließen Rauchfahnen hinter sich, die die Luft mit Gestank und das Herz des Betrachters mit Ehrfurcht erfüllten angesichts des offenkundigen Gottvertrauens der Insassen. In ländlichen Gegenden konnte es sich dabei sehr wohl auch um Schafe und Schweine handeln, und die Geschichte jenes Bauern, der angetrunken von der Polizei gestoppt wurde, den Richter dann aber davon überzeugen konnte, dass nicht er, sondern sein Hund am Steuer gesessen hatte, erschien, wenn auch ungewöhnlich, so doch keineswegs unmöglich.
Ein Auto war in Irland der Schlüssel zur Freiheit. Es erlaubte die sonntägliche Flucht ins Grüne, diente – mit Bettdecken und Thermoskannen – als Nachtlager auf Reisen und war bei qualmenden Kaminfeuern in sonst ungeheizten Häusern im Winter oft schlicht und einfach der wärmste Aufenthaltsort. Auch wir besaßen damals eine dieser sagenhaften Erscheinungen, einen mattgrünen Lieferwagen der Marke Fiat. Er startete auf Knopfdruck, fuhr jedoch, seiner mediterranen Herkunft getreu, grundsätzlich nur bei trockenem Wetter und generierte alle 50 Kilometer einen Plattfuß. In kürzester Zeit wurden wir zu Experten im Radwechseln, was uns nicht nur vor der Vergiftung durch die innerhalb wie außerhalb des Wagens gleichmäßig verströmenden Abgase bewahrte, sondern zu vielen netten Begegnungen mit mitfühlenden Passanten und hilfsbereiten Ver-

kehrsteilnehmern führte, so etwa jenem Busfahrer, der im Dubliner Abendverkehr seinen vollen Bus stehen ließ, um meine Zündung neu einzustellen. *You love this town even if it doesn't ring true, you've been all over and it's been all over you.*

Ein Klopfen neben meinem Kopf lässt mich zusammenfahren – der Kittel, die ausgebeulten Hosen: Es ist tatsächlich der Alte, den ich in Garristown getroffen habe. Widerwillig kurble ich die Scheibe herunter.
»Sie fahren doch ins Zentrum?«
Ich nicke.
»Können Sie mich ...?« Der Wagen vor mir setzt sich in Bewegung.
»Steigen Sie ein!«
Einen Augenblick später sitzt der Alte neben mir. Wir fahren über eine enge Steinbrücke auf die Nordseite der Stadt. Der Liffey teilt Dublin nicht nur geographisch, sondern auch sozial in zwei Hälften, und läge der Flughafen nicht im Norden, spottete man bis vor kurzem, würden die um ihre Sicherheit besorgten Bewohner des reichen Südens den ärmeren Teil nie zu sehen bekommen.
»Bin nicht mehr so gut zu Fuß wie früher«, brummt der Alte neben mir. Die Autos in der Schlange vor mir beschleunigen. Auf unserer linken Seite hat die elf Kilometer lange Mauer des Phoenix Park begonnen, des größten umschlossenen Stadtparks Europas.
»Sie zieht gut«, meint mein Mitfahrer sachkundig, während wir an einem der hübschen schmiedeeisernen Tore des Parks vorbeifahren. Von der älteren Generation werden Autos immer noch mit dem weiblichen Artikel versehen. »Weil sie so unzuverlässig sind wie Frauen«, erklärte mir eine Freundin.

See the world in green and blue, see China right in front of you ...
Ich stelle das Autoradio ab. Vor uns ragt der mächtige Obelisk aus den Bäumen, der am Stadtende des Parks steht. Das

ursprünglich dem Wild vorbehaltene Gelände ist seit 1745 öffentlich zugänglich und beherbergt neben der Residenz des amerikanischen Botschafters, dem Sitz der irischen Präsidentin und dem Hauptquartier der irischen Polizei auch den zoologischen Garten, in dem der MGM-Löwe geboren wurde.

Die Stopplichter des Wagens vor uns leuchten wieder auf.

»Zum Wahnsinnigwerden«, murmle ich. Angesichts des erbarmungswürdigen Zustandes der öffentlichen Transportmittel fährt hier jeder, der fahren kann, mit dem eigenen Wagen, und so schleicht Dublin Tag für Tag dem Verkehrskollaps entgegen.

»Früher sind die Leute gelaufen«, meint der Alte neben mir.

»Tagelang sind wir durch die Wälder gelaufen ...«

Da ist wieder das trockene Räuspern. Ein Motorradfahrer saust in überhöhtem Tempo an der stehenden Autoschlange vorbei.

»... und gegen Wahnsinn gab's Brunnenkresse«, fügt der Alte hinzu.

»Roh?«, erkundige ich mich.

Brunnenkresse, *Nasturtium officinale*, gedeiht trotz zunehmender Umweltverschmutzung immer noch mancherorts auf dieser wasserreichen Insel. Auch der Phoenix Park verdankt seinen Namen übrigens nicht dem Vogel, sondern einer auf Irisch als ›Finn Uisce‹ – helles Wasser – bezeichneten Quelle. Mein Beifahrer schweigt.

»Als Salat?« Bereits im 14. Jahrhundert wurde Brunnenkresse in der Picardie als Wintersalat gezogen, und es hieß, dass er Steifheit und Krämpfen vorbeuge – den Anfällen eines Wahnsinnigen? Die Parkmauer neben uns endet.

»Oder gekocht?« Hildegard von Bingen empfiehlt gedämpfte Brunnenkresse gegen Gelbsucht, Fieber und Verdauungsstörungen.

Der Alte hört mir nicht zu. Er hat den Kopf gewendet und blickt Ryan's Pub nach, einem der schönsten und ältesten Dublins, in dem bis vor kurzem Mr. Ryan persönlich in lan-

ger, weißer Schürze, über den Rand seiner Brille blickend, schaumgekröntes Guinness zapfte.
»Heuston Station«, meint mein Beifahrer. Jenseits des Flusses ist der stattlichste der vier Dubliner Bahnhöfe aufgetaucht.
»1846 gebaut«, referiert der Alte ungefragt, »von einem Engländer. Korinthische Säulen, Kampanile mit Kuppeln ...«
Ich wechsle die Spur.
»Als sie die vordere Hälfte fertig hatten, ist ihnen das Geld ausgegangen«, fügt er missbilligend hinzu. Ich überhole einen Lastwagen, und der Alte hält sich demonstrativ am Armaturenbrett fest.
»Weg ist sie«, stöhnt er.
»Wer?«, frage ich abbremsend.
»Die St. James' Gate Brewery.«
Das Gelände der berühmten Guinness-Brauerei auf der anderen Seite des Liffey ist vom Lastwagen verdeckt an uns vorbeigeglitten. Ich betrachte den Alten von der Seite. Seine blauen Augen sind klarer als in meiner Erinnerung, und er hat die Tweedmütze abgenommen. Sein Haar ist vollkommen weiß. Der frisch gepresste Saft von Brunnenkresse soll angeblich vor Haarausfall schützen.
»Viereinhalb Millionen Hektoliter Guinness werden hier jährlich gebraut.« Die Braukünste der Iren waren schon im ersten Jahrhundert auf dem benachbarten Kontinent berühmt.
»Die größte Brauerei Europas, die in 120 Länder exportiert«, doziert der Alte, »von Abu Dhabi bis Zimbabwe ...«
In dem 1904 für den Fermentierungsprozess erbauten und vor kurzem zum Besucherzentrum umgebauten Guinness Storehouse kann man unter Wasserkaskaden hindurch, über Rolltreppen und an riesigen Kupferkesseln vorbei durch die Geschichte der Brauerei und ihres Bieres reisen. In der Gravity Bar, die wie die Schaumkrone nach den Regeln der Schwerkraft über dem Lagerhaus schwebt, sieht man über die dampfenden Schlote der Brauerei weit über Dublin hin-

weg; Aussicht und Alkohol vermischen sich in einem wohligen Schwindel. Dass die Magie des Bierbrauens auch kommenden Generationen erhalten bleibt, garantieren Bibliothek, Archiv und Lernzentrum im Haus.

»Das Zapfen von Bier will gelernt sein«, versichert der Alte neben mir, »zu meiner Zeit waren die Mundschenke so angesehen wie die Kriegshornbläser und die Wetterwahrsager.«

Es ist schon eine Weile her, seit in Irland Kriegshörner geblasen wurden, die Wettervorhersage wird von der meteorologischen Anstalt erstellt und ist selten wahr. Ob Brunnenkresse wirklich Wahnvorstellungen heilt?

Zwei Ampeln weiter steht eine Gruppe schwarz berobter Herren mit weißen Zopfperücken am Zebrastreifen. Ich erwarte eine Erklärung über die Four Courts, das Dubliner Gerichtsgebäude zu unserer Linken, aber mein Mitfahrer scheint immer noch dem dunklen Bier nachzutrauern. Die Four Courts, nach den vier Gerichten des Landes benannt, gehören zu den elegantesten historischen Gebäuden Dublins. Sie wurden während des irischen Bürgerkriegs 1921/22 beinahe vollständig zerstört, aber 1932 nach den Originalplänen von James Gandon aus dem Jahre 1802 wieder aufgebaut. Auf dem Hauptgiebel steht Moses mit den Gesetzestafeln im Arm, umgeben von den regenverwaschenen Statuen der Gerechtigkeit, Barmherzigkeit, Weisheit und Macht.

Die Dubliner Anwälte haben übrigens auch einer delikaten Zubereitungsart von Hummer ihren Namen gegeben, dem Dublin Lawyer, wobei die Vertreter der Zunft – nach dem Grund für die Bezeichnung befragt – auf die dabei verwendeten edlen Zutaten verweisen, während Nicht-Anwälte diese eher mit den Kosten des Gerichtes, den roten Köpfen der Hummer und ihren unentrinnbaren Zangen in Verbindung bringen.

Dublin Lawyer

je nach Größe und Hunger ein halber oder ganzer Hummer pro Person
125 g Butter
1/2 Tasse irischer Whiskey
150 g Sahne
Salz und Pfeffer

Der Hummer sollte möglichst frisch sein. Da ich es nicht fertig bringe, die lebenden Hummer in meiner eigenen Küche durch einen gezielten Messerstich in den Nacken zu töten, kaufe ich sie gefroren bei meinem Fischhändler in der Chatham Street, der seine in Eis gebetteten Waren auf einem altmodischen Marmortisch feilhält. Der Hummer wird in zwei Hälften geteilt, das Fleisch aus Schwanz und Scheren entfernt und in große Stücke geschnitten. Die Schalen aufbewahren. Die Hummerstücke werden in der schäumenden Butter auf mittlerer Hitze einige Minuten gekocht, ohne dass die Butter anbrennt. Den Whiskey dazugießen und, wenn er heiß genug ist, flambieren. Die Sahne dazugeben, erwärmen, mit Salz und Pfeffer würzen und das Gericht in den Hummerschalen servieren.

Für einen Augenblick sind die Dach- und Turmspitzen der Christ Church Cathedral zu sehen, die im Gegensatz zur nahe gelegenen, von Touristen überlaufenen Kathedrale des Heiligen Patrick ihre feierliche Ruhe bewahrt hat. Der Chor von Christ Church gehört zum Schönsten, was in Dublin zu hören ist, und wer Mittwoch- oder Donnerstagabend um sechs der Hektik der Stadt entkommen will, kann dort beim Evensong über Vollendung in Musik und Architektur meditieren.
»Sunlight Chambers«, bemerkt der Alte. Er scheint seine Enttäuschung über die ungesehene Brauerei überwunden

zu haben. Jenseits des Liffey ist jetzt der 1900 erbaute Firmensitz der Lever Brothers zu sehen, auf dessen Fassade ein blaues Terrakottafresko in traulichen Szenen für das von den Brüdern hergestellte Waschmittel wirbt. Durch die Straßenschlucht daneben fällt der Blick auf die von Grünspan leuchtende Kuppel der City Hall, in der sich einst die Dubliner Ratsherren trafen, und gleich dahinter liegt Dublin Castle. Bis 1922 diente es dem englische Vizekönig als Residenz und beherbergte die ungeliebte englische Regierung. Eine schnurgerade Straße führt von Dublin Castle nach Slane, knapp 40 Kilometer nördlich, dessen anmutiger, von vier identischen Häusern gebildeter Dorfkern an seine Bedeutung als Pferdewechselstation erinnert. Im Westen des Dorfes thront das Schloss, in dem einst Lady Cunningham residierte, eine der zahlreichen Geliebten des trinkfreudigen englischen Königs George IV., der – so erzählt man sich – die Straße bauen ließ, um während seiner Besuche in Dublin möglichst rasch bei seiner Angebeteten zu sein. Heute gehört das Schloss Henry Lord Mountcharles, einem Nachfahren von Lady Cunningham, der, um den Unterhalt des Anwesens zu finanzieren, die natürliche Arena am Ufer des Flusses Boyne seit Jahrzehnten für Rockkonzerte nutzt. Bruce Springsteen ist hier aufgetreten, Bob Dylan, die Rolling Stones, und eben auch U2.

U2s Karriere begann im Herbst 1976 mit einem Anschlag am Schwarzen Brett der Mount-Temple-Schule in Dublin, auf dem der damals 15jährige Larry Mullen nach Gleichgesinnten suchte, um eine Band zu gründen. Was danach kam, füllt die Archive der Rockmuseen. Musik wurde in Irland zu dem, was Boxen in amerikanischen Slums gewesen war, ein Weg – der einzige Weg –, Armut und Nichtigkeit zu entkommen. U2 war ein Erfolg, als Erfolge unmöglich schienen, ein Grund, stolz zu sein, als Irland sich für seine wirtschaftlichen und politischen Schwächen schämte. *What you got they can't deny it, can't sell it, can't buy it*, singt die Band auf ihrem neuesten Album.

Die nächste Ampel stellt auf Grün, die Autoschlange hat sich verflüchtigt und wir fahren ungehindert in den Stadtkern.
»Links!«, befiehlt mein Beifahrer. Es bleibt keine Zeit zu diskutieren, ich setze den Blinker und biege in die O'Connell Street ein, einst die Prachtstraße Dublins, die heute fest im Griff internationaler Fast-Food-Imperien ist. Die Brunnenkresse fällt mir wieder ein. Ich blicke hinüber zu dem Alten, aber seine Augen hängen am GPO, dem General Post Office, auf dessen Stufen die Rebellen des Osteraufstandes 1916 die irische Unabhängigkeitserklärung verlasen. Wer in Irland etwas auf sich hält, hat einen Vorfahren, der hier während der fünftägigen Belagerung dem britischen Ansturm trotzte. Doch würde man allen Nachkommen glauben, müsste das GPO zu jener Zeit etwa dreimal so groß gewesen sein.
»Da!«, der Alte deutet auf einen Platz mit Halteverbot.
»Aber ...«
Doch er hat die Tür bereits geöffnet, und noch bevor ich das Auto zum Stehen bringen kann, ist er draußen. Mit einem unwirschen Nicken, das auch ein ›Danke‹ sein könnte, verschwindet der weiße Schopf zwischen den Passanten. Ich weiß immer noch nicht, wie Brunnenkresse früher gegessen wurde.

Brunnenkresse, auf Englisch *watercress*, hat einen meerrettichähnlichen Geschmack und kann roh als Gewürz oder Garnitur verwendet werden, mit Quark vermischt oder als Salat. Sie sollte jung, nicht später als Mai, geerntet werden, weil ihr Saft sonst zu einer Nierenreizung führen kann.

Brunnenkresse-Salat

200 g Pilze (z. B. Champignons oder Austernpilze)
1 EL Butter oder Öl
150 g Brunnenkresse
2 Bund Radieschen
3–4 EL Walnusskerne oder Haselnüsse, fein gehackt
1 Bund Schnittlauch, fein gehackt

Für die Sauce:
1 TL Senf
2 EL Zitronensaft
3 EL Walnussöl
Salz und Pfeffer

Pilze putzen, klein schneiden, kurz in Butter anbraten und abkühlen lassen. Brunnenkresse waschen, die groben Stiele entfernen, Blätter gut abtropfen lassen und auf Teller oder eine Platte verteilen. Radieschen putzen, waschen und in feine Scheiben schneiden. Die Zutaten für die Sauce gut miteinander verrühren und mit Radieschen, Pilzen und Nüssen mischen, auf der Brunnenkresse verteilen und den Schnittlauch darüber streuen. Den Salat sofort servieren.

Das Vermächtnis der Rebellen
Tafelfreuden und Theater auf Dublins Nordseite

Nachdem ich den Alten von Garristown neben dem geschichtsträchtigen General Post Office abgestellt habe, ordne ich mich wieder in den Verkehr ein. Nicht ganz vorschriftsmäßig wechsle ich durch eine Taxi-Schlaufe auf die andere Straßenseite und fahre zum Liffey zurück. Auf dieser Seite der O'Connell Street befindet sich eine andere angesehene irische Institution, die ihr Bestehen einer Rebellion verdankt. Im Juni 1905 lag der Panzerkreuzer *Fürst Potemkin* vor Odessa. Die Verpflegung an Bord war miserabel und die Stimmung auch. Der Kommandant beschloss, die gärende Unruhe im Keim zu ersticken und eine willkürlich ausgesuchte Gruppe von Matrosen auf dem Achterdeck erschießen zu lassen. Doch ein Ruf aus der Menge: »Die Waffen nieder!« lässt die Schützen ihre Gewehre senken. Die legendäre Meuterei beginnt. Am nächsten Tag bringt eine Dampfbarkasse den im Kampf getöteten Rufer aus der Menge nach Odessa, dessen Bevölkerung sich mit den Meuterern solidarisiert. Die Regierung entsendet Kosaken zur Niederwerfung des Aufstands, und diese massakrieren die wehrlosen Einwohner der Stadt auf einer mächtigen Freitreppe im Hafengelände. Am nächsten Morgen erscheint die russische Flotte am Horizont. Die *Potemkin* richtet ihre Geschütze, die Angreifer nähern sich. Erst im letzten Moment senken sie ihre Kanonen und drehen bei. Die Seeleute jubeln, die rote Fahne der Revolution flattert im Wind. So der Film.
Unter den Meuterern auf der *Potemkin* war damals auch Ivan Beshoff, den es in den folgenden Jahren nach Westen zog. Für einige Zeit kam der Russe bei dem von ihm verehr-

ten Lenin in London unter. Dann, auf dem Weg nach Kanada, gelangte er auf die grüne Insel – und blieb. Von seinen bisherigen Lebens- und Reiseerfahrungen geprägt, eröffnete er 1913 in Dublin eine der englischsten aller Einrichtungen: einen Fish-and-Chips-Shop. Bereits 1839 erwähnt Charles Dickens in *Oliver Twist* ein Lagerhaus für gebratenen Fisch, und nachdem in den frühen 1860er Jahren in Lancashire – oder, glaubt man anderen Quellen, in London – der erste Fish-and-Chips-Shop eröffnet wurde, war der Siegeszug dieser vielleicht einzigen wirklich erfolgreichen französisch-britischen Kooperation nicht mehr aufzuhalten: die Verbindung von in Teig frittiertem Fisch und Pommes frites, beides mit Salz bestreut und zur leichteren Verdaulichkeit mit Essig beträufelt. Dreihundert Millionen Portionen davon werden heute jährlich in Großbritannien verzehrt, fünf pro Kopf der Bevölkerung.

Auch den Iren schien der von Ivan Beshoff gebratene Fisch zu bekommen, und als er selbst 1987 im Alter von 104 Jahren in Dublin starb, zählten seine Fish-and-Chips-Shops an den Hauptstraßen der Nord- und Südseite Dublins längst zu den Wahrzeichen der Stadt. Heute gehören Beshoffs Restaurants einem Konzern, doch ihr Manager Alan Sweetnam lässt es nicht an persönlichem Einsatz fehlen. Eben hat er die beiden Geschäfte in, wie er sagt: griechischem, Stil renoviert, um seinem Fisch ein moderneres Image zu verleihen, und wer diesen nicht in einer der eleganten Pappschachteln mitnehmen will, kann ihn im makellos weißen Speiseraum im ersten Stock auf Tellern verzehren.

Der traditionelle Kabeljau ist noch immer der beliebteste Posten auf dem Menu, das neben Lachs, Scholle, Scampi auch ab und zu Hai anbietet, und den unter den Dublinern begehrten Rochen. Als Konzession an nicht Fisch essende Gäste – und wohl auch in Hinblick auf die umliegenden Fast-Food-Restaurants, deren billigere und fettigere Angebote Alan allerdings nicht als konkurrenzwürdig betrachtet – stehen zudem Hühnerbrüste und Würstchen auf der Speisekarte. Dazu natürlich Knoblauchpilze, Zwiebelringe und die unabdingbaren kurzen, dicken Chips, die geschält, gewaschen und geschnitten aus Großbritannien eingeführt werden, weil die in Irland heimischen Kartoffeln sich nicht für Pommes eignen. Der immer knapper und teurer werdende Kabeljau kommt gefroren aus Island und Norwegen, frischer als frisch, meint Alan mit gewinnendem Lächeln, und man glaubt ihm, dass er selbst gerne hier isst. Auch die Entscheidung, ausschließlich Erdnussfett zum Braten zu verwenden, ist eine persönliche. »Es riecht nicht, wenn man es am Morgen in der Pfanne erhitzt, nicht dieser Geruch nach verbranntem Fell«, erklärt der junge Manager.

Von Alans Enthusiasmus angesteckt, habe ich selbst mit Erdnussöl experimentiert. Es wird sehr heiß und lässt tatsächlich weder am Fisch noch in der Küche einen unangenehmen Geruch zurück.

Dublin Prawns in Bierteig

100 g Mehl
1/4 TL Salz
1 TL Olivenöl
150 ml Wasser oder Bier
1 großes, steif geschlagenes Eiweiß
Erdnussöl zum Frittieren
500 g Dublin Prawns (Garnelen)

Ein guter Ausbackteig ist nach Alan Sweetnam kein Geheimnis, aber die richtige Konsistenz ist wichtig: Mehl und Salz mit Olivenöl mischen, dann 150 ml lauwarmes Wasser – oder besser Bier – darunter rühren, bis der Teig geschmeidig ist. Eine Weile stehen lassen. Das geschlagene Eiweiß erst im letzten Moment, wenn das Öl in der Pfanne schon heiß ist, vorsichtig unter den Teig ziehen.

Das Vermächtnis der Rebellen
Dublin Prawns

Die rohen, geschälten Prawnschwänze im Teig wenden und in kleinen Portionen im sehr heißem Öl frittieren, bis sie goldbraun sind. Werden zu viele auf einmal frittiert, sinkt die Hitze des Öls und die Prawns saugen mehr Fett auf.
Auf irische Weise mit Essig oder auf meine Weise mit Zitrone beträufelt servieren.

Die nächste Querstraße führt links zum Abbey, dem irischen Nationaltheater.
»Es wäre an der Zeit, dass der irische Akzent und Gebrauch der englischen Sprache auf der Bühne zur Darstellung des irischen Charakters und nicht nur zur Erzeugung von Gelächter eingesetzt würde«, schrieb einer der Leiter der National Dramatic Company, die sich zu Beginn des letzten Jahrhunderts für dessen Gründung einsetzte. Mit der Unterstützung von W. B. Yeats und Lady Gregory, den führenden Köpfen der keltischen Renaissance, fand sich in der Mechanics' Hall an der Old Abbey Street ein geeignetes Objekt, das dank der finanziellen Hilfe von Annie M. Horniman, der Erbin eines englischen Teebarons, zu einem Theater umgebaut werden konnte. Am 27. Dezember 1904 eröffnete das Abbey seine erste Spielzeit mit einem Stück von Yeats, und 1925 wurde es zum ersten staatlich unterstützten Theater der Englisch sprechenden Welt.
Allein, bereits 1906 wurde die Aufführung von Bernard Shaws *John Bull's Other Island* – ein Stück von einem Iren über Irland – abgelehnt. Dies geschah allerdings nicht, weil es, wie Shaw befürchtete, ein nationalistisches Publikum dazu veranlassen würde, das Haus niederzubrennen, sondern weil sich unter den Mitgliedern des Ensembles kein Schauspieler fand, der den vom Irlandfieber gepackten Engländer Broadbent glaubwürdig hätte spielen können.
Im Jahr darauf hob sich der Vorhang für den *Playboy of the Western World*, das in der entlegenen Grafschaft Mayo angesiedelte Drama bäuerlicher Verfehlungen, das J. M. Synge angeblich der Seele der Einheimischen abgeschrieben hatte.

Die Verwendung von Ausdrücken wie *bloody* ließ die Direktion des Theaters mit öffentlichem Missfallen rechnen, und tatsächlich brach bei der Premiere ein Tumult aus, doch nicht wegen loser Sprache, sondern wegen der Erwähnung des Wortes *shift*, einer altmodischen Bezeichnung für ein Unterhemd, das in diesem Fall einen weiblichen Körper bedeckte. Bei den folgenden Aufführungen wurde das Publikum dann durch Polizeipräsenz im Zuschauerraum in Schach gehalten.
Noch höher schlugen die Wellen 1926, als Sean O'Casey mit *The Plough and the Star* seine Kritik am Osteraufstand auf die Bühne des Abbey brachte. Doch auch da war es wiederum weniger die Darstellung des kleinbürgerlichen Verrats an der Idee des neuen Irland als vielmehr der Auftritt einer Prostituierten, der den Volkszorn aufbrachte. Diesmal war Yeats besser vorbereitet, und während er das randalierende Publikum von der Bühne aus beschimpfte, war seine im allgemeinen Chaos unhörbare Ansprache bereits beim Setzer. Am nächsten Morgen war die inzwischen berühmte Rede, die mit den Worten »You have disgraced yourselves again« begann, in der *Irish Times* zu lesen.

In seiner Verbindung von Paternalismus und Poesiealbum scheint mir Yeats in der irischen Geschichte stets etwas Viktorianisches zu verkörpern, und obwohl der große Dichter selbst die Askese pflegte, soll ihm hier der in Irland wohl typischste und beliebteste Ausdruck viktorianischer Küche gewidmet sein: der Christmas Pudding.

Christmas Pudding

100 g Mehl
je 2 TL Zimt, gemischte Lebkuchengewürze und Muskatnuss
350 g frische Brotkrümel (oder Weißbrot ohne Rinde im Mixer oder von Hand zerkleinert)

Das Vermächtnis der Rebellen
Christmas Pudding

50 g gemahlene Mandeln
225 g brauner Zucker
je 225 g Sultaninen, Korinthen und Rosinen
175 g Zitronat und Orangeat, gemischt und geschnitten
100 g glasierte Kirschen (weil ich diese nicht mag, verwende ich mehr Orangeat)
225 g geschmolzene Butter
1 geriebene mittelgroße Karotte
Saft und Schale von je 1 unbehandelten Orange und Zitrone
5 Eier
300 ml Guinness
4 TL Whiskey

(Die angegebenen Mengen reichen für 1 großen oder 2 kleine Puddings.)

Alle trockenen Zutaten in eine Schüssel geben und vermischen. Eine Mulde hineindrücken und die geschmolzene Butter, die geriebene Karotte, Saft und die abgeriebene Orangen- und Zitronenschale dazugeben. Die Eier verquirlen und langsam darunter ziehen. Zum Schluss das Bier und den Whiskey hinzufügen und gut vermischen. Nun sollte jedes Mitglied des Haushaltes einmal den Teig rühren und sich dabei etwas wünschen.
Den Teig in eine gefettete Form geben, mit Backpapier bedecken und – sofern die Form keinen Deckel hat – ein Tuch darum binden. In einer Pfanne mit leicht kochendem Wasser (Wasserbad bei 95 °C) 7 Stunden ziehen lassen, wobei das Wasser bis knapp unter den Rand der Form reichen sollte und im Verlauf des Kochens nachgefüllt werden muss.
Herausnehmen und abdecken, um den Dampf herauszulassen. Der Pudding ist meist noch ziemlich hell und erhält seine typische dunkle Farbe erst während des Lagerns. Mit frischem Backpapier bedecken. Am nächsten Tag die Form mit dem Pudding in ein sauberes Tuch hüllen und an einem kühlen (aber nicht kalten), dunklen Ort bis Weihnachten aufbewahren. Der

Das Vermächtnis der Rebellen
Christmas Pudding

Christmas Pudding sollte nicht später als in der ersten Novemberwoche gemacht werden, damit er während des Lagerns richtig reifen kann.
Vor dem Servieren am Weihnachtstag den Pudding nochmals 1–2 Stunden in heißem Dampf ziehen lassen. Dann den Pudding auf einen heißen Teller stürzen, etwas Whiskey in einer Pfanne erhitzen, darüber gießen und im Dunkeln am Tisch flambieren.

Mit dem irischen Staat kam auch die irische Bühne allmählich zur Ruhe. Nach einem Feuer wurde das irische Nationaltheater 1966 in einem schachtelartigen Bau an der Lower Abbey Street neu eröffnet. Während auf anderen Bühnen Europas die Grenzen des innovativen Theaters getestet wurden, blieb man in Dublin bewährten Inszenierungsmustern treu. Dafür förderte man den Gründungszielen entsprechend die Entwicklung neuer irischer Theaterstücke. Was an Experimentierfreudigkeit fehlt, wird heute durch die weltweit anerkannte Qualität des zeitgenössischen irischen Dramas wettgemacht, und neben Neuem wird vor allem in den Sommermonaten Altvertrautes gespielt – zur Begeisterung der amerikanischen Touristen, die sich vor Ort von der Absonderlichkeit irischer Akzente und Lebensweisen überzeugen können.

Während ich über die O'Connell Bridge auf die Südseite der Stadt fahre, fällt mein Blick auf den Nebensitz, und da liegt die Tweedmütze des Alten. Mein erster Gedanke ist anzuhalten, umzukehren. Doch wie soll ich den Mann im Gedränge auf den Straßen wiederfinden? Während ich weiterfahre, denke ich an seine Geschichten von Mundschenken und Wahrsagern und seine Erinnerungen an die Schlacht von Garristown. Zu jener Zeit muss man in den irischen Wäldern noch ganz anderes gefunden haben als Brunnenkresse.

Die vier Ecken der Erkenntnis
Nationale Sammlungen
und Schätze

Mit einer Spannweite von drei Metern gilt das Geweih des irischen Elchs – der im Grunde ein Riesenhirsch ist – als das breiteste der Welt. Auch das ›irisch‹ stimmt nicht ganz, denn als der Gehörnte vor rund 37 000 Jahren, in einer wärmeren Phase der Eiszeit, von Asien westwärts wanderte, waren Irland und Britannien noch durch Landbrücken mit dem Kontinent verbunden, und seine Existenz in vorzeitlichen Wäldern lässt sich heute auch in anderen Teilen Europas nachweisen. Die drei Exemplare, die den Besucher am Eingang des Naturhistorischen Museums von Dublin empfangen, verdienen ihre Bezeichnung aber immerhin insofern, als sie die letzten 10 000 Jahre – seit ihrem Aussterben – im irischen Moor überdauert haben.

Ich habe das Auto am Merrion Square geparkt, einem der schönsten Plätze Dublins, der zu drei Seiten von georgianischen Stadthäusern umgeben ist, aus einer Zeit, in der die irische Oberschicht wohlhabend genug war, englischen Vorbildern nachzueifern. Hier sind die berühmten farbigen Dubliner Türen zu sehen, mit ihren täglich gewienerten Messingbeschlägen und ihren eleganten, fächerförmigen Oberlichtern. Das Naturhistorische Museum ist an der Westseite des Platzes und bildet zusammen mit der Nationalgalerie, der Nationalbibliothek und dem Nationalmuseum die vierte Ecke jenes Komplexes, in dessen Mittelteil – Leinster House – heute das irische Parlament tagt. Doch während die spektakulären Goldfunde des Nationalmuseums bereits seit einigen Jahren in einer modernen Ausstellung gezeigt werden und die Nationalgalerie im Frühling 2002 einen neuen Flügel eröffnete, präsentiert sich Irlands Natur unverändert in historischem Gewand.

Mit Eifer, Liebe und Papiermaché sind die einheimischen Füchse und Dachse in den Glaskästen im Erdgeschoss zu kleinen Idyllen drapiert. Der Otterpapa bringt seiner knopfäugigen Brut einen kleistrig glänzenden Fisch und der ausgestopfte Adler hat seine Klauen in eine ebenso ausgestopfte Ente gegraben. Selbst vor dem Vogelkot auf den Kulissenfelsen der Seevögel hat der Wunsch nach Wirklichkeitsnähe nicht haltgemacht, und am Schaukasten, in dem sich weiße Hasen und Wildvögel in einer Schneelandschaft tummeln, überkommt einen unweigerlich ein weihnachtliches Gefühl. Eine ächzende, von gusseisernen Geländern gesäumte Holztreppe führt aus der irischen Gemütlichkeit in die Urwälder der Welt. Im ersten Stock blicken wissende Affenaugen aus exotischem Unterholz auf Elefanten und Giraffen mit und ohne Haut, Wildkatzen fletschen Zähne um rosige Gummizungen, und zwischen Bären und Wölfen steht ein frisch gebürsteter irischer Wolfshund.

Der Grundstein des Naturhistorischen Museums wurde im März 1856 in einer feierlichen Zeremonie von Lord Carlisle gelegt. Der damalige Generalgouverneur von Irland gab bei dieser Gelegenheit seiner Hoffnung Ausdruck, kommende Generationen möchten in den »würdigen Tempeln der Wissenschaft, Kunst und Gelehrsamkeit« Hochachtung für ihren Schöpfer lernen. Der Dodo – auch Dronte oder Dodaars (Fettarsch) –, dessen Skelett in einer Ecke des Museums ausgestellt ist, scheint von den guten Wünschen Seiner Exzellenz allerdings nicht profitiert zu haben. Das in Mauritius heimische, wegen seiner Unbekömmlichkeit als ›Ekelvogel‹ bezeichnete, flugunfähige, truthahngroße Tier war bereits 70 Jahre nach seiner Entdeckung ausgerottet. Ein übergewichtiger Vertreter mit Haltungsschaden und Schnabeldeformation – so die neuesten Untersuchungen – stand in Amsterdam vor seinem Ableben noch Modell für einen zeitgenössischen Maler, der das Bild des Dodo unwiderruflich entstellte, ihm dadurch aber auch zu einer viel beachteten Nebenrolle in *Alice im Wunderland* verhalf. In der Redewendung *dead as a dodo* lebt der legendäre Vogel im englischen Sprachraum bis heute weiter.

Als ich aus dem Portal des Naturhistorischen Museums trete, ziehen weiße Wolkenfetzen über den Himmel. Ein Windstoß fährt mir ins Gesicht, und ich wende mich zur Seite. Da, vor dem Eingang der Nationalgalerie am anderen Ende des Platzes, ist der weiße Schopf. Ich denke an die Tweedmütze in meinem Auto. Doch bis ich am Wachposten vor dem Regierungsgebäude vorbei die Stufen der Galerie erreiche, ist der Alte verschwunden. Eilig gehe ich durch die schweren Glastüren ins Entree. Rechts ein von Tüchern verhangenes Baugerüst, links der Konzertsaal, vor mir eine Saalflucht mit irischer Kunst aus dem 18. und 19. Jahrhundert: rotnasige Herren in samtenen Wämsen, tief dekolletierte Damen auf Ottomanen, weiße Perücken – aber kein weißer Schopf. Im nächsten Saal ein beschämter Adam neben einer selbstgefälligen Eva, schäumende Wasserfälle in Waldestiefen, Cupido und Psyche flirtend an einem Brunnenrand, dann Dorfidyllen, Mädchen mit Ziegen, Frauen mit Kopftüchern. Der Alte ist nirgends zu sehen. Links geht es ins Yeats-Museum, wo die Werke vom Vater John Butler und Bruder Jack B. des Dichters W. B. ausgestellt sind. Die sich in expressionistischen Striemen auflösenden Szenen von Jack B. Yeats gehören zum Eindrücklicheren, was die irische Malerei zu bieten hat, wenn mir persönlich auch die unergründlich blauen Tiefen der Seen und Landschaften des etwas älteren Paul Henry mehr liegen.
Das faszinierendste Bild der Galerie allerdings hängt einen Stock höher: die briefschreibende Dame mit ihrer Magd von Johannes Vermeer. Die mysteriöse Anziehungskraft der von ihrer Tätigkeit völlig in Anspruch genommenen Schreiberin an dem teppichbelegten Tisch wird umso deutlicher, wenn daneben die im gleichen Raum hängenden Bilder von

Gabriel Metsu, ›A Man Writing a Letter‹ und ›A Woman Reading a Letter‹, betrachtet werden: das gleiche Motiv und doch unvergleichlich. Zwei Säle weiter ist übrigens der vor einigen Jahren im Speisesaal eines irischen Klosters wiederentdeckte Caravaggio ›The Taking of Christ‹ zu bewundern.

Ich versuche, mir den weißhaarigen Alten in Betrachtung niederländischer und italienischer Kunstwerke vorzustellen – vergeblich. Er muss nach rechts gegangen sein, durch das moderne Atrium in die helleren Säle dahinter. Ein Teller mit Austern, pockennarbige Zitronen, Gläser und Krüge, ein angeschnittener Schinken. Der Geruch von Essen weht mir entgegen, als ich durch die Ausstellung von Stilleben ins Café im neuen Museumsflügel gelange.

Schinken und Speck – *ham* und *bacon* – spielen seit Jahrhunderten eine wichtige Rolle in der irischen Küche, wobei in Irland nur das Bein des Schweins als Schinken bezeichnet wird, alles andere ist Speck. Der mit Wacholderzweigen geräucherte Limerick-Schinken war schon im 18. Jahrhundert berühmt.

Limerick Ham

1 $^1/_2$ – 2 kg geräucherter Schinken
reichlich Apfelwein
$^1/_2$ Tasse brauner Zucker
1 TL Senf
20 ganze Gewürznelken

Den Schinken über Nacht in kaltem Wasser einlegen. Dann mit frischem Wasser bedecken und langsam zum Kochen bringen. Das Wasser abgießen und den Schinken mit Apfelwein begießen, bis der Schinken ganz bedeckt ist. Wieder zum Kochen bringen und auf kleiner Hitze ziehen lassen (je 20 Minuten für ¹/₂ kg). Vom Herd nehmen und 30 Minuten im Apfelwein auskühlen lassen. Den Schinken herausnehmen, die Rinde mit einem scharfen Messer wegschneiden und das Fett darunter rautenförmig einschneiden. Zucker und Senf vermischen und den Schinken gut damit einreiben. Mit den ganzen Gewürznelken spicken. Im vorgeheizten Backofen bei 200 °C weitere 10 Minuten pro ¹/₂ kg backen.

Der Millennium-Flügel der irischen Nationalgalerie wurde – nicht ganz pünktlich – Anfang 2002 eröffnet. Den Auflagen der staatlichen Auftraggeber entsprechend mussten die Fassaden zweier geschützter Häuser aus dem frühen 19. Jahrhundert in den neuen Komplex integriert werden, die nun wie ein Stück Disneyland zwischen den etwas allzu augenfällig mit Gucklöchern versehenen, weißen Wänden stehen. Einen Augenblick glaube ich, den Schopf des Alten über einen Teller gebeugt an einem der Tische des Cafés zu sehen. Doch als ich auf ihn zugehen will, hebt er sich und ein vollwangiges Jungmädchengesicht mit Nasenstecker und Augenbrauenring taucht darunter auf. Enttäuscht wende ich mich dem Ausgang zu. Der Millennium-Flügel führt in die Clare Street, und ich lasse mich von den Passanten in Richtung Stadtzentrum treiben. Von dem Alten ist nichts zu sehen.
Hinter dem eisernen Gitter zur Rechten liegt Trinity College, das 1592 von Elizabeth I. gegründet wurde. Im 64 Meter langen Long Room, der alten Bibliothek, ist das wohl bekannteste Buch Irlands zu bewundern, das *Book of Kells*, von dem der normannische Gelehrte Giraldus Cambrensis schrieb: »Schau es dir genau an, und du wirst zum Kern aller Kunst vordringen. Du wirst Verschlingungen erkennen von solcher Feinheit und Zartheit, solcher Gedrängtheit und Dichte, solche Fülle an Knoten und Zwischengliedern, mit so frischen und glänzenden Farben, dass du glauben könntest, das alles sei nicht das Werk eines Menschen, son-

dern eines Engels.« Das *Book of Kells*, das vermutlich auf der Insel Iona geschrieben wurde, kam um 860 mit Mönchen auf der Flucht vor den Wikingern nach Kells in Irland und gehört seit dem 17. Jahrhundert zu den Beständen von Trinity College. Eine hübsche kleine Ausstellung setzt das Buch, das die vier Evangelien in lateinischer Sprache enthält, in seinen geschichtlichen Kontext und entschädigt für die flüchtige Sicht auf das Original, das unter einer, je nach Lichteinfall spiegelnden, Glasscheibe ruht.

Erst 1970 erlaubte die katholische Kirche ihren Anhängern ein Studium im protestantischen Trinity College, das eine der fünf Copyright-Bibliotheken der britischen Inseln beherbergt, in denen von jedem in Großbritannien und Irland gedruckten Buch ein Exemplar aufbewahrt wird. Der Regalbedarf wächst dadurch jährlich um einen Kilometer und zwingt laufend zu Erweiterungen. Ansonsten versucht Trinity College, seinen Traditionen treu zu bleiben: Jenem Studenten, der vor einigen Jahren zu Beginn seiner Prüfung das ihm nach den alten Statuten zustehende Glas Portwein verlangte, wurde umgehend ein solches serviert. Allerdings soll er kurz darauf von der Universitätsverwaltung eine Rechnung für die ebenfalls in den Statuten vorgesehene Unterbringung seines Pferdes, sprich Fahrrades, erhalten haben.

Die Nationalbibliothek, die in der Kildare Street auf der anderen Seite des irischen Parlamentsgebäudes zu finden ist, kann mit den Beständen der universitären Sammeltätigkeit nicht konkurrieren, dafür aber mit ihren Räumlichkeiten. Jeder Vorwand sollte recht sein, um einen Blick in den von einer mächtigen Kuppel überdeckten Lesesaal zu werfen, in dem man im Lichte grüner Leselampen der irischen Geschichte nachstöbern kann. Auch die ebenso großzügigen und ehrwürdigen Toiletten lohnen übrigens, unabhängig von aller Notwendigkeit, einen Besuch. Zu den Beständen der Nationalbibliothek gehört der Reisebericht des bereits erwähnten Giraldus Cambrensis (Gerald von Wales), der 1183 im Gefolge von Henry II. zum ersten Mal nach Irland

kam und nicht nur dessen Bücher, sondern auch Land und Leute beschrieb. Er pries die schlangenfreie Insel für ihre saftigen Weiden, ihre fischreichen Flüsse und ihr mildes Klima, das so gesund sei, dass man kaum der Ärzte bedürfe. Die Bewohner der Insel schilderte er im wohl ersten belegten englischen Ausbruch anti-irischen Rassismus' als faul, schmutzig, ungebildet, lasterhaft, hinterhältig und verkrüppelt. Einzig in der Beherrschung von Musikinstrumenten schienen ihm die Iren allen anderen Völkern überlegen.
Im irischen Nationalmuseum, dem vierten und bedeutendsten Pfeiler der staatlichen Sammlung, ist auch eine jener Harfen zu finden, deren Klänge Giraldus bei seinen Besuchen auf der Insel so bezaubert haben mögen. Bekannter aber ist diese Ausstellung für ihre Goldschätze. Spangen, Broschen und breite Halsringe glänzen in den Auslagen im Parterre. Wie in einem teuren Juweliergeschäft, denke ich, während ich einen gehämmerten Armreif bestaune. Über Jahrtausende haben die Schmuckstücke im irischen Torf überdauert und bis heute überzeugen sie durch ihr Design. In einem der Schaukästen ist auch das kaum handgroße, goldene Boot ausgestellt, mit Mast, Steuer und Rudern, aus dem ersten Jahrhundert vor Christus, das einst wohl die Seelen der Toten in die nächste Welt trug. »Metempsychose«, sagt jemand in meinem Rücken. Langsam drehe ich mich um und blicke in die blauen Augen unter dem weißen Schopf, wie vor ein paar Tagen auf dem Hügel von Garristown.

Gewürztes und Gemischtes
Ferne Düfte auf Dublins Südseite

»Third time lucky«, grinst der Alte, »beim dritten Mal ein Treffer«. Er scheint mir jünger als in meiner Erinnerung.
»Ihre Mütze ist ...«
»Drink?«, fragt er, ohne mich ausreden zu lassen.
»Tee«, entgegne ich bestimmt. Mit einem Schulterzucken wendet er sich zum Gehen, und ich folge ihm auf die Straße. Die verlorene Mütze scheint ihn nicht zu interessieren.

Noch bevor Ivan Beshoff Fish and Chips nach Dublin brachte, eröffnete die Familie Bewley ihr erstes Oriental Café. Charles Bewley hatte bereits 1835 begonnen, Tee aus China zu importierten, doch es waren die Cafés Ernest Bewleys, mit der die Quäkerfamilie stadtbekannt wurden. Bewley's war eines der ersten Unternehmen, das Gewinn und Eigentümerschaft mit seinen Angestellten teilte, und der 1999 im Alter von 87 Jahren verstorbene Victor Bewley setzte sich seit den 70er Jahren für die geächteten irischen Fahrenden ein, die einheimischen Zigeuner, und bemühte sich später hinter den Kulissen um die Verständigung zwischen Nordirland und der Republik.
Mit zielsicheren Schritten steuert der weißhaarige Alte durch die Menge auf das wohl beliebteste Bewley's Café in der Grafton Street zu. Zwischen den gleichförmigen Schaufenstern der mehr und mehr von internationalen Ketten übernommenen Geschäfte nimmt sich die mit Mosaiken geschmückte Fassade von Bewley's exotisch aus. Manche der langjährigen Bewley-Besucher bevorzugen das etwas weniger herausgeputzte Café an der Westmoreland Street; in beiden Lokalen brennen im Winter offene Torffeuer, und

das Licht fällt durch bunte Glasscheiben auf die holzgetäfelten Wände.
»Tee?«, fragt mein Begleiter zweifelnd, als wir an einem der kleinen Tischchen am Fenster auf der Galerie oben sitzen. Aber der Duft des frisch gerösteten Kaffees ist mir bereits in die Nase gestiegen. Bewley's ist auch einer der wenigen Orte in Dublin, die schon immer anständigen Kaffee servierten. Bis vor kurzem war Kaffee für die meisten Iren ein Pulver aus einer Büchse, das in heißem Wasser aufgelöst wurde, und ein Kolumnist der *Irish Times* feierte die Entdeckung der Kaffeebohne vor einigen Jahren als den Beginn der Neuzeit.
Die Kellnerin bringt eine dampfende Kaffeepresse und einen Teller mit Scones.
»Wie üblich?«, fragt sie, und mein Begleiter nickt.
Während ich eines der Scones aufschneide und mit Butter und Erdbeermarmelade bestreiche, überlege ich, wie oft der Alte wohl Zufallsbekanntschaften hierher einlädt.
»Ihre Mütze ist noch –«
»Schmeckt es?«, fällt er mir wieder ins Wort. Die Scones sind luftig und krümelig.

Es gibt süße, salzige, edle und währschafte Scones, mit Rosinen, Blaubeeren und kandierten Kirschen. Das folgende ist eine verfeinerte Variante des Grundrezepts.

Scones

Für 12–18 Stück:
450 g Mehl
1 Päckchen oder 3 gehäufte TL Backpulver
Salz
50 g Zucker
110 g ungesalzene Butter
1 leicht geschlagenes Ei

Gewürztes und Gemischtes
Scones

50 g Crème double (Doppelrahm)
200–300 ml Milch
1 Ei (mit 1 TL Wasser vermischt zum Glasieren)

Mehl, Backpulver, 1 große Prise Salz und Zucker in einer Schüssel mischen. Mit den Händen die Butter in Stücken hineinkneten. Ei, Crème double und Milch darunter rühren, so dass ein weicher, nicht zu feuchter Teig entsteht. Den Teig auf einem mit Mehl bestreuten Brett zu einer nudelholz-dicken Rolle formen und etwa 2 cm breite Scheiben abschneiden, oder den Teig ausrollen und die Scones mit einer Form ausstechen.
Die Scones mit dem Ei glasieren und auf einem eingefetteten Blech im vorgeheizten Backofen bei 180 °C 15 bis 20 Minuten backen.

»Wie war das Naturhistorische Museum?«, erkundigt sich mein Gastgeber.
»Interessant.«
»Und die Galerie?«
»Schön.«
»Die Bibliothek?«
»Beeindruckend«, entgegne ich verwundert, dass er so genau weiß, wo ich war. Unter uns auf der Grafton Street zieht eine Schar Japaner vorbei.
»Es gibt natürlich auch Museen, in die nicht jeder Tourist kommt«, meint mein Begleiter verführerisch.
Kurz darauf eilen wir durch schmale Gässchen an Mülltonnen und Hintereingängen vorbei, aus denen Küchengerüche dringen. Der Alte geht schnell, trotz seiner Klagen in Chapelizod, und für einen Augenblick überlege ich, ob ich ihm auf den Leim gegangen bin und wir am Schluss doch in einem Pub enden. Aber dann biegt er durch einen Seiteneingang ins Gelände von Dublin Castle, und an geparkten Autos vorbei gelangen wir zu einem Tor, hinter dem ein kleiner Park liegt. Die Rasenfläche in der Mitte ist von einem steinernen Muster durchzogen.

»Keltisch?«, frage ich.
»Helikopterlandeplatz«, entgegnet mein Begleiter, ohne innezuhalten, und ich entdecke die im Boden eingelassenen Scheinwerfer. Er steuert auf ein Gebäude an der rechten Seite des Parks zu, das aus einem alten und einem neuen Teil besteht.

Es begann mit Briefmarken, die der 1875 in New York geborene Alfred Chester Beatty als kleiner Junge sammelte. Danach kamen Steine und Mineralien. Chester studierte an der Columbia School of Mines und sammelte Bücher. Als frischgebackener Bergbauingenieur arbeitete er für 25 Cents pro Zehnstundenschicht unter Tage, mit 29 ist er beratender Ingenieur von rund 90 Prozent aller Minen der Welt. Er sammelt chinesische Tabakdosen. 1911 zieht er, bereits wohlhabend, nach London, wo er seine erste Firma gründet, die während der Kriege vor allem mit der Ausbeutung von Kupfervorkommen expandiert. Auf einer Erholungsreise in den Nahen Osten erwirbt Chester Beatty die ersten orientalischen und biblischen Handschriften. Als Beatty, dessen Urgroßeltern aus der nordirischen Grafschaft Armagh stammten, 1950 nach Dublin übersiedelt, wird seine tonnenschwere Sammlung in 250 Kisten nach Irland verfrachtet. Der ›Kupferkönig‹ hat sich zu diesem Zeitpunkt aus dem Geschäftsleben zurückgezogen, und sein Unternehmen ist zu einem bedeutenden Bestandteil von BP geworden. In den folgenden Jahren unterstützt Beatty mit Schenkungen und Stiftungen die kulturelle Entwicklung der jungen irischen Republik, und 1954 wird in einem noblen Quartier von Dublin die Chester Beatty Library eröffnet. Der schon als 30-jähriger an Silikose Leidende und von den Ärzten Totgesagte wird 1957 zum ersten irischen Ehrenbürger, und als er 1968 93jährig stirbt, ehrt ihn der irische Staat als bisher einzigen Privatmann mit einem Staatsbegräbnis.
Die Chester Beatty Library, die heute im neu renovierten Glockengebäude von Dublin Castle untergebracht ist, ver-

dient die Bezeichnung ›Bibliothek‹ nur insofern, als die Mehrzahl der Kunstobjekte auf Papier ist. Im ersten Stock ist der religiöse Teil der Ausstellung untergebracht. In den violetten Räumen des Christentums finden sich Seiten der ältesten noch bestehenden Manuskripte der Apokalypse und des Neuen Testaments, die Beatty ahnungslos in einem Bündel anderer Papyri erwarb und deren Bedeutung erst bei ihrer Restauration im British Museum entdeckt wurde. In den grünen Räumen des Islam erklären Koranschriften die mohammedanische Tradition, und die roten Räume belegen die Ausbreitung des Buddhismus und verwandter Religionen mit Schriftstücken aus dem Hinduismus, dem Jainismus und aus dem Tibet.

Weniger fundamental, aber nicht weniger faszinierend präsentiert sich die weltliche Sammlung im Stock darüber, von Stundenbüchern und Chroniken bis zu Skizzen von Turner und Illustrationen von William Blake, Darstellungen zur Buchproduktion des Islam und indischen Malereien aus der Mogulzeit. Zu den Schätzen des ostasiatischen Teils gehören zwei fünfzehn Meter lange chinesische Schriftrollen, die das *Lied der ewigen Reue* abbilden, eine Art Comicstrip aus dem 17. Jahrhundert, der von der Suche des Kaisers nach seiner ermordeten Geliebten in der anderen Welt erzählt, sowie eine Sammlung von Jadebüchern und die – wie mein weißhaariger Führer abschätzig feststellt – wohl größte Sammlung geschnitzter Nashornbecher der Welt.

Zum Schluss fahren wir mit dem Lift zum Dachgarten hinauf.

»Nicht sehr irisch«, bemerke ich zwischen Bambusbüschen und Beeten aus gerechtem Kies.

»Noch nicht«, entgegnet mein Begleiter und blickt auf die Stadt hinunter. Tatsächlich lässt sich die irische Geschichte als eine Serie von Einwanderungswellen lesen, geprägt von feindlichen und freundlichen Eindringlingen, die nach kurzer Zeit – so das Sprichwort – *more Irish than the Irish themselves* wurden, irischer als die Iren selbst. Sie brachten

Gewürztes und Gemischtes
Chutney

ihre Sitten und Bräuche mit, ihre Kultur und natürlich auch ihre Küche, und manches ursprünglich Exotische ist heute Teil der irischen Tradition. So etwa Chutney, dessen Name vom indischen Wort ›chatni‹ stammt, ›stark gewürzt‹, und als Zutat zu Currys aus frischen Früchten und Gewürzen gekocht wird. Die britischen Kolonialherren übernahmen diese Art des Einmachens mit dem geliebten Curry zusammen und verwendeten sie vor allem für Mangos, die damals wohl nur selten in roh genießbarer Reife die britische Küste erreichten. Das gleiche Problem stellt sich in Irland mit dem Reifen von Tomaten, deshalb hier ein Chutney-Rezept für die grünen Tomaten, die ich jeweils im Spätherbst von den welkenden Stauden in meinem Gewächshaus pflücke.

Chutney

1,5 kg grüne Tomaten
3–4 Stangen Sellerie
2 große Äpfel
3 große Zwiebeln
2 Knoblauchzehen
350 g Sultaninen
350 g brauner Zucker
600–750 ml weißer Essig (ich verwende meist eine Mischung aus Essig und Wein)
1 TL Salz
je $1/2$ TL Ingwerpulver und Cayennepfeffer

Tomaten und Sellerie putzen und waschen. Äpfel, Zwiebeln und Knoblauch schälen und alles klein schneiden, Knoblauch fein hacken. Alle Zutaten in eine Pfanne geben. Etwa 2 Stunden auf kleiner Flamme zu einem dicken, weichen Brei kochen. Am Anfang nicht zu viel Essig dazugeben, damit das Chutney nicht zu flüssig wird. Das Chutney in heiße, sterilisierte Gläser abfüllen und verschließen.

Die Spiralen der Zeit

Wir gehen am See entlang durch den Wald. Farne wachsen unter den Bäumen, und zwischen moosbedeckten Steinen rieselt Wasser. Ein Windstoß fährt durch die Äste und lässt einen Tropfenschauer auf uns niedergehen. Mein Begleiter zieht seine Mütze ab und wischt sich über die Stirn. Der weiße Haarschopf leuchtet im Zwielicht des Waldes, und das irische Wort für ›hell‹ fällt mir ein: *finn* –.
Mein Begleiter lächelt. Es heißt, sein Urgroßvater sei der Sonnengott gewesen, und schon in seiner Kindheit priesen sie seine lichte Erscheinung: Finn Mac Cool.

Eine Weile fahren wir noch über einsame Heiden, dann windet sich die Straße den Hang hinab aus den Bergen ins Landesinnere. Finn hat nur genickt, als ich seinen Namen nannte, und ich wußte nicht, was sagen. Nun beugt er sich zu mir, und ein Rieseln läuft mir über den Rücken. Aber er blickt bloß auf die Uhr auf dem Armaturenbrett.
»Kilkenny«, sagt er nach einem Moment. »Wir sollten nach Kilkenny fahren.« Ich habe nichts dagegen und münde auf der Hauptstraße in den Sonntagsverkehr, der sich nach Südwesten bewegt.
Wie eine graue Kröte hockt das Schloss von Kilkenny in der Schlaufe des Flusses Nore, als wir über den Hügel kommen. Einen Augenblick später sind wir in die engen Straßen des Städtchens eingetaucht. Dicht aneinander drängen sich die schmalen Häuser mit ihren farbigen Fassaden; Friseur, Wettbüro, Souvenirgeschäft. Wir überqueren die Brücke, und da ist das Schloss wieder mit seinen schweren, runden Türmen aus dem 12. Jahrhundert. 550 Jahre war es in den Händen der Butler von Ormond, bis es 1967 in verwahrlostem Zustand vom 24. Grafen von Ormond für 50 Pfund an den irischen Staat verkauft wurde. Unterdessen sind die wichtigsten Räume nach viktorianischem Vorbild restauriert. Auch die eleganten Stallungen jenseits der Straße sind wieder hergerichtet und beherbergen das berühmte Kilkenny Design Centre.

Mein Blick bleibt an einem der Mäntel im Schaufenster hängen. Hier findet sich das Beste, was irisches Kunsthandwerk zu bieten hat: Kleider, Decken, Schmuck, Holz- und Töpferwaren. Finn wirft einen Blick auf die Uhr des Glockenturms über den renovierten Stallungen und räuspert sich.
»Ich gehe dann mal auf ein Bier«, meint er.
Kilkenny ist wie die Jungfrau zum Kind auch zu einem eigenen Bier gekommen. Tatsächlich hieß das von Guinness produzierte dunkelblonde Ale ursprünglich Smithwicks. Doch die Biertrinker in anderen Ländern brachten den ›Smitiks‹ ausgesprochenen Namen nicht über die Zunge und man änderte ihn für den Export in ›Kilkenny‹. Die Enttäuschung war groß, als die Touristen das von zu Hause bekannte irische Bier in Irland nicht fanden, und so schenken heute viele irische Pubs neben Smithwicks auch Kilkenny aus.
»Dann bis später«, sagt Finn, schon halb die Straße hinunter.
Die bedruckten Samtschals neben dem Mantel sehen ebenfalls schön aus, und ich folge einigen französischen Kunden in den Laden.
Das Kilkenny Design Centre, das auch ein Geschäft in Dublin unterhält, ist für sein gepflegtes Selbstbedienungs-Restaurant bekannt, und während ich die Preisschilder von Mänteln und Schälen betrachte, steigt mir Bratenduft in die Nase. Finn wird auch Hunger haben, denke ich, und blicke mich um, als müsste er hinter mir stehen. Aber natürlich ist er nirgends zu sehen. Einen Augenblick später stehe ich ratlos auf der Straße vor dem Geschäft. Wo mag er hingegangen sein? Ich werfe einen Blick ins erste Pub, ins zweite – dann kommt mir ein Gedanke und ich gehe die High Street hinunter.
Kilkenny ist nicht nur für sein Schloss, sein Kunsthandwerk und sein Bier bekannt, es ist auch der Schauplatz von Dame Alice Kytelers Aktivitäten. Ich gehe durch ein Gässchen, und nach ein paar Schritten stehe ich vor einem grauen Steinhaus. ›Kyteler's Inn‹ steht auf dem Schild über dem

Eingang, und oberhalb der buckelnden Katze ist das Gründungsjahr vermerkt: 1324. In der Tür schlägt mir eine feucht-warme Welle von Bierluft entgegen. Das Pub ist bis auf den letzten Platz besetzt; vor der Theke stehen die Männer Schulter an Schulter.
»Zeig's ihm«, schreit eine nicht mehr ganz nüchterne Stimme.
Auf dem Bildschirm hinter der Bar läuft ein Hurlingmatch, und da ist auch Finns weißer Schopf zwischen den Köpfen der Männer. Darum also wollte er nach Kilkenny.
Hurling gehört zu den Gaelic Games, den traditionellen irischen Sportarten, und wird seit Jahrhunderten auf dieser Insel gespielt. Es ist eine Art Landhockey, bei dem die beiden Mannschaften einen kleinen Lederball mit einem Schläger aus Eschenholz ins Tor der Gegner – oder wie beim Rugby zwischen die zwei Pfosten darüber – zu schlagen versuchen. Heute bestehen die Mannschaften aus je fünfzehn Spielern. Früher aber konnten beliebig viele Leute teilnehmen, solange nur auf beiden Seiten die gleiche Anzahl spielte, und es gibt Geschichten von ganzen Dörfern, die im Rahmen von Hurlingspielen übereinander herfielen. In Nordirland wurden die soliden Eschenholzschläger auch als Waffen verwendet und dementsprechend verboten.
»Komm schon«, schreit es aus einer anderen Ecke.
Hurling ist ein sehr schnelles Spiel, weil der Ball im Grunde jederzeit überall sein kann. Man darf ihn vom Boden und aus der Luft schlagen und ihn während vier Schritten auf dem Schläger vor sich her tragen wie ein rohes Ei auf einem Löffel. Die alljährlichen Hurlingmeisterschaften werden von der ganzen Insel verfolgt und die Gewinner in ihrer Grafschaft wie Helden gefeiert.
»Nein!« Die Menge heult auf.
Nach mehreren Versuchen ergattere ich an der Theke ein Bier und zwänge mich durch die schreienden und stöhnenden Männer zu einem Tischchen, von dem aus der Bildschirm nicht zu sehen ist.

Mit seinen Steinmauern und Holzbalken erscheint Kyteler's Inn echter als die neugemachten ›alten‹ Pubs, die nun auch in Irland überall anzutreffen sind. Das ›Public House‹ – das öffentliche Haus – gehört zu den erfolgreichsten irischen Exportartikeln und ist inzwischen überall auf der Welt zu finden. Im Zuge der Globalisierung wurden diese mit Krimskrams und verblichenen Fotos gefüllten Etablissements in den letzten Jahren wieder nach Irland reimportiert, und viele der etwas spezielleren irischen Pubs fielen dem internationalen Klischee zum Opfer.
»Ja, ja, ja!«, schreit es von der Theke, und der Herr mit dem spitzen Hut, der auf einem Besen reitend von der Decke baumelt, schwankt bedenklich. Dame Alice Kyteler, die einstige Besitzerin des Hauses, wurde von ihren Kindern der Hexerei und der Vergiftung ihrer ersten drei Ehemänner angeklagt. Sie und ihr Inkubus Robin, der sich häufig in Gestalt einer Katze zeigte, hatten einen Kreis von Anhängern um sich geschart, die – so die Untersuchungskommission – Dämonen opferten, durch Tränke und Salben Liebe, Hass oder Krankheiten erweckten und sich selbst bereicherten. Während Alice, noch bevor sie zur Rechenschaft gezogen werden konnte, nach England entfloh, wo sie unerkannt bis zum natürlichen Ende ihres Lebens verblieb, gestand ihre Zofe Petronilla unter der Folter und wurde 1324 als erste Hexe in Irland verbrannt.
Im Vergleich zu anderen Ländern tauchen in Irlands Vergangenheit nur wenige Hexen auf, was manche Experten damit begründen, dass ihr Erscheinen an den Protestantismus geknüpft sei, während das katholische Irland es mit den Feen hielt. Zweifellos aber verfügten die früheren Bewohner der Insel über ihre eigenen Vorstellungen von mächtigen Frauen, und ihre Göttinnen Badhb, Macha und Morrigu gelten als die Vorbilder für die drei Hexen in Shakespeares *Macbeth*.
Als ich mein Bier getrunken habe, zwänge ich mich noch einmal zur Theke vor, bis ich Finn auf die Schulter tippen kann.

Blut und Sünde
Die Iren und ihr Herrgott

Nur der liebe Gott, heißt es, weiß, was in Würsten drin ist, und daher isst der liebe Gott keine Würste. Edward Twomey isst Würste, er weiß, was drin ist, und beobachtet man die Reaktionen der Leute, wenn er durch die Straßen von Clonakilty geht, könnte man glauben, er sei auch der Herrgott. Dabei wollte Edward Twomey eigentlich immer nur Bauer werden. Bereits mit vierzehn nahm sein Vater ihn aus der Schule, damit er auf dem Hof mithelfen konnte. Edwards Vater war ein leidenschaftlicher Bauer, der alles daransetzte, dass seine Söhne in der Landwirtschaft blieben. Doch während der ältere Bruder den väterlichen Betrieb übernahm und der jüngere, Mamas Liebling, die zweite, über die Jahre dazu erworbene Farm, ging Edward, der mittlere, leer aus.

»Ich war auch ziemlich wild«, gesteht der gedrungene, vor Lebhaftigkeit stotternde Mann, der nun selbst Vater von drei Söhnen ist. Er arbeitete in einer Fabrik, in einem Büro, aber den ganzen Tag in einem Raum eingeschlossen sein, lag ihm nicht. Ein Onkel riet ihm, in den Fleischhandel einzusteigen, und ein anderer Onkel hatte eine Metzgerei zu verkaufen – in Clonakilty. Edward Twomey war nicht begeistert von der Aussicht, sein Dasein als Ladenbesitzer in dem kleinen Städtchen in Westcork zu verbringen. Es war 1976, die Gegend galt als rückständig und er träumte nach wie vor davon, Bauer zu werden.

Die Metzgerei hatte drei Angestellte; einer davon, Paddy Allman, von Geburt an behindert, kam zweimal die Woche, um hinten im Laden Blackpudding zu kochen, Blutwürste.

»Eine schmutzige Arbeit«, meint Edward, »und beschämend.«

Eine Scheibe gebratener Blackpudding gehört zwar neben Speck und Spiegelei auf einen echten irischen Frühstücksteller, aber nur wer sich nichts Besseres leisten kann, isst Blackpudding sonst. Nach sechs Monaten starb Paddy plötzlich, und mit einem Anflug von Erleichterung beschloss Edward, damit auch die Blutwürste zu begraben.

»Diese ganze Kocherei und dann der Geruch, der aus dem Laden kam ...« Der Geruch der Armut.

Doch schon bald begann der Umsatz zu sinken. Die meisten Kunden hatten neben Fleisch beiläufig auch einen Ring Blutwurst gekauft. Nun bestand kein Grund mehr, in Edwards Geschäft zu kommen, es gab andere Metzger in Clonakilty. Widerwillig begann er selbst Blackpudding zu kochen, nachts hinten im Laden, nach Paddy Allmans Rezept, bis er selbst vom Resultat überzeugt war.

»Und dann dachte ich, was ich in meiner Stadt verkaufen kann, kann ich überall verkaufen.« Montag war es gewöhnlich ruhig im Laden. Edward packte einige Ringe Blackpudding ins Auto und fuhr los. Er besuchte Metzger, Delikatessgeschäfte – »die kamen damals gerade auf« – und Restaurants in der Gegend und präsentierte seinen Blackpudding. Das Geschäft wuchs und das Kind brauchte einen Namen. Ein Freund, der Ladenschilder malte, beriet Edward.

»Es war ein wenig peinlich, die Blutwürste nach der Stadt zu nennen.«

Nach langem Zögern fasste er sich ein Herz und fragte die Überlebenden der Familie Harrington, die das Metzgergeschäft seit 1880 geführt und aus deren Küche das Blackpudding-Rezept stammte, ob er die Blutwürste nach ihnen nennen dürfe. Die Harringtons – zwei alte Jungfern und zwei Junggesellen – waren begeistert. Ermutigt entwarf Edward das definitive Logo: ›Clonakilty Blackpudding‹ in einer roten Schleife über einem Wurstring, in diesem etwas kleiner: ›Original Harringtons Recipe‹ und ganz klein darunter: ›Manufactured by Edward Twomey, Clonakilty, Westcork‹. Die Leute lachten, waren empört. Im ersten Jahr zog

die Lokalzeitung über Edward her. Heute aber ist seine Wurst mit Schleife an jeder Ecke des Städtchens zu sehen, und so wie Montélimar mit Nougat ist der Name Clonakilty jetzt mit Blutwürsten verbunden.
Wir sitzen im Hotel gegenüber der Metzgerei, und Edward tauscht mit jedem, der am Tisch vorbeikommt, ein paar Worte. Einmal glaube ich auf der Straße draußen den weißen Schopf zu sehen. Aber es ist eine alte Dame, und die Enttäuschung steigt wieder in mir hoch. Warum ist Finn verschwunden?

Inzwischen beschäftigt Edward Twomey 25 Leute. Er hat nie staatliche Subventionen erhalten, aber für die Fabrik, in der Clonakilty Blackpudding nun hergestellt wird, brauchte er eine EU-Genehmigung. Um die zu erhalten, benötigte er eine Exportlizenz und für diese wiederum hätte er alle Zutaten seines Rezeptes bekanntgeben müssen: Blut, Rindfleisch, Hafermehl, Zwiebeln, Gewürze – das Geheimnis.
Edward schüttelt den Kopf: »Was die Iren essen können, wird die Deutschen nicht umbringen.« Die Zutaten werden 25 Minuten in einem Topf gekocht und in Häuten aus Ochsenmagen abgefüllt, aufgehängt, abgespritzt und möglichst rasch gekühlt. Edward redet nicht gern darüber, es riecht immer noch nach Armut für ihn.
Nach endlosem bürokratischem Seilziehen wurde er als ›Craft Butcher‹ eingestuft – Kunstmetzger – und produziert jetzt mit EU-Billigung. Einige junge, nicht von der irischen Tradition geblendete Köche entdeckten die Blutwürste und machten sie von der Armeleutespeise zur Delikatesse. Jetzt ist Clonakilty Blackpudding auf den Speisekarten der exklusivsten irischen Restaurants zu finden, oft als Vorspeise mit gekochten Äpfeln, Chutneys oder in anderen süß-sauren Verbindungen.
Edward Twomey baut auf ein langsames Wachstum. Natürlich wäre es verlockend, rasch viel Geld zu machen, wenn sein Blackpudding wieder irgendeine Auszeichnung

erhält, aber er will sich nicht auf Märkte einlassen, für die er kein Gefühl hat.

»Die Leute, die eine Ausbildung haben und qualifiziert sind, wissen, was sie tun können. Ich selbst habe nichts gelernt, und deshalb weiß ich auch nicht, was ich nicht tun kann.«

Über lange Zeit war sein Blackpudding nur in Spezialgeschäften erhältlich. Er wartete, bis die großen Ladenketten zu ihm kamen und sich auf seine Bedingungen einließen. Und Edward Twomey lernte aus seinen Fehlern. »So viele Fehler hab ich gemacht«, grinst er.

»Und dann hab ich mich verbrüht.«

Edward fiel in den Kochtopf. Die Wendung ›sich in eine Sache vertiefen‹ bekam eine ganz neue Bedeutung, witzelt er. Doch er verbrachte Monate im Krankenhaus, unter ständigen Schmerzen, ohne Kontakte zur Außenwelt.

»Dabei bin ich ein sehr emotionaler Mensch, ich fasse die Leute gerne an, umarme sie«, erklärt er. Aber er hatte auch Zeit, sein Leben zu überdenken. Seither kümmern sich ein paar zuverlässige Leute um das Alltagsgeschäft und er selbst tut, was ihm am meisten liegt: neue Bereiche erschließen für seine Produkte, aber auch für Clonakilty. Die alten Stallgebäude hinter der Kirche, in denen nun Läden, Werkstätten und eine Galerie untergebracht sind, hat er umgebaut.

»Es war alles da«, wehrt er ab. »Was ich nicht gemacht habe, ist wichtiger, als was ich gemacht habe.« Genau wie beim Blackpudding. Er hat das alte Rezept nie verändert.

Vor einigen Jahren hat er sich in Australien eine Farm gekauft, 20 000 Morgen Weizenfelder, zwei Ernten pro Jahr. Seine beiden Brüder sitzen immer noch auf ihren Höfen.

»In ein paar Jahren hab ich gleich viele Ernten eingefahren wie sie«, kichert er. Vielleicht, sinniert Edward, ist es ihm besser ergangen, weil er weniger auf den Lebensweg mitbekam als seine Brüder, und er hofft, dass ihm genügend Zeit bleibt, seinen eigenen Söhnen das mitzugeben, was er selbst von seinem Vater geerbt hat: die Leidenschaft für seine Arbeit. Über den Erfolg, den er hat, freut er sich, aber er will sich nicht von ihm ablenken lassen. Und doch haben seine Erfahrungen ihn verändert. Edward Twomey gehört nicht mehr dorthin, woher er kam, und die Leute, die ihn auf den Straßen von Clonakilty wie den Herrgott begrüßen, können wohl nicht verstehen, dass er dabei auch einsam ist.

Der Clonakilty Blackpudding hat eine grobkörnige Konsistenz und ist kräftig gewürzt. Seine Basis ist Rindfleisch, während der Whitepudding aus Schweinefleisch und ohne Blut gemacht wird. Im Kühlschrank halten sich die Würste gut eine Woche.

Blackpudding mit Kartoffeln und Äpfeln

4–6 Kartoffeln
Salz und Pfeffer
2 TL Olivenöl oder Butter
100 g Pilze
2 Äpfel
8 Scheiben Clonakilty Blackpudding
1 TL Sherryessig

Kartoffeln schälen und grob reiben, mit Salz und Pfeffer würzen und in einer Pfanne im heißen Olivenöl wie Rösti zu einem Fladen braten. Aus der Pfanne nehmen und warm stellen. Die Pilze putzen und in Scheiben schneiden. Äpfel schälen, entkernen und in Schnitze schneiden. Den Blackpudding auf beiden Seiten zusammen mit den Pilzen anbraten. Blackpudding und Pilze auf das Kartoffelbett verteilen und warm stellen. Die Apfelschnitze mit Salz und Pfeffer im Sherryessig aufkochen und mit dem Saft über Blackpudding und Kartoffeln verteilen.

Pizza mit Blackpudding, Speck und Ziegenkäse

250 g Pizza- oder Blätterteig
3–4 Tomaten
8 Scheiben Clonakilty Blackpudding
3 Scheiben Speck
300 g Ziegenkäse
Thymian

Den Teig ausrollen und auf ein Blech geben. Tomaten waschen, in Scheiben schneiden und darauf verteilen. Den Blackpudding aus seiner Haut schälen, anbraten und in der Pfanne zerkrümeln. Auf den Teig mit den Tomaten verteilen. Speck klein schneiden, anbraten und ebenfalls darauf verteilen. Den Ziegenkäse in Stücken darüber verteilen und mit Thymian bestreuen. Im vorgeheizten Ofen bei 220 °C etwa 20 Minuten backen, bis der Käse geschmolzen ist.
Das ist zwar ein sehr simples Rezept, das rasch zubereitet ist, aber die Kombination von Blackpudding und Ziegenkäse schmeckt ausgezeichnet.

Edward Twomey umarmt mich zum Abschied, und ich gehe nochmals an der sauberen, kleinen Metzgerei vorbei, deren Wände mit Auszeichnungen bedeckt sind. Es ist Montagmorgen und die Ladenbesitzer der Stadt stehen schwatzend vor ihren Geschäften, in deren Schaufenstern T-Shirts, Schürzen, Baseball-Mützen, Mauspads und andere Souvenirs mit dem berühmten Wurst-Logo ausgestellt sind. Nach der Landkarte liegt Clonakilty am Meer. Ich studiere den Stadtplan vor dem Tourist Office und gehe die Hauptstraße hinunter, durch eine Seitenstraße an ein paar Hinterhöfen vorbei bis zur breiten, neuen Umfahrungsstraße. Jenseits liegt ein Zipfel der Bucht. Es ist Ebbe und ein paar Möwen krei-

sen über den schlammigen Steinen. Wie viele irische Städte kehrt auch Clonakilty dem Meer den Rücken zu.
»Land ist beständiger als Wasser.«
Ich drehe mich um, und tatsächlich, da steht er: Finn Mac Cool mit dem weißen Schopf.
»Warum –« Warum hast du mich verlassen, will ich fragen, als wären wir ein Paar. In seinem Gesicht spielt ein verschmitztes Lächeln und ich schweige.
Nur dort wo der Boden zu karg ist, um ein Auskommen zu ermöglichen – wie in Shetland, Neufundland –, werden die Menschen zu Fischern, erklärt mir Finn, denn das Land ist stets zuverlässiger als das Meer, pflügen weniger gefährlich als zur See fahren.
»Und in Kilkenny?«, frage ich, während wir nach Clonakilty zurückgehen.
»Ein Reinfall«, beginnt er, und es folgt eine detaillierte Beschreibung des Hurlingmatches. »Die Spieler sind Weichlinge heute. Ich weiß nicht, was die ihnen beibringen.« Jedes Dorf in Irland hat einen Hurlingverein, der seinen Nachwuchs fördert, Jungen, aber auch Mädchen, die auf dem Spielfeld kurze Röckchen tragen und für die das gleiche Spiel Camogie heißt. Die GAA, der nationale Verband der Hurling- und Gaelic-Football-Spieler (eine irische Version von Fußball mit anderen oder, wie böse Zungen behaupten, gar keinen Regeln), galt neben der katholischen Kirche als mächtigste Organisation im Land, doch die Entwicklungen der letzten Jahre haben die Fundamente all dieser Hierarchien unterspült.
»Sündige ohne zu beichten«, forderte vor zwei Jahren ein Plakat am Straßenrand, breite Lettern neben einer Schale schlagsahnegekrönter Erdbeeren. So warb die irische Milchwirtschaft für ihre Produkte. Die Bedeutung der Religion in Irland ist legendär. Jahrhunderte britischer Herrschaft, in denen einzig der katholische Klerus für die Interessen des Volkes einstand, heißt es, hatten der Kirche in der Gesellschaft einen Rückhalt verschafft, wie er sich sonst

vielleicht noch in Polen fand oder in manchen Ländern der Dritten Welt.
Die sagenhafte Frömmigkeit der Iren – auch im Sinne tatenloser Gottergebenheit – ist in den letzten Jahren allerdings Geschichte geworden. Der keltische Tiger hat Lämmern und Tauben den Garaus gemacht. EU-Mitgliedschaft und Wirtschaftsboom haben die Insel der Welt geöffnet und, wichtiger noch, eine nicht enden wollende Reihe von Skandalen hat den Status der irischen Geistlichkeit unwiederbringlich untergraben. Der weiße Kragen, der seinen Trägern einst unqualifiziertes Wohlwollen einbrachte, zieht heute nicht selten Ablehnung oder sogar Aggression auf sich.

Wir haben den Parkplatz erreicht; Finn erzählt noch immer von seinem Hurlingmatch und setzt sich ohne zu zögern im Weiterreden neben mir in den Wagen.
»Und jetzt?« unterbreche ich ihn, während ich den Motor starte.
»Nach Westen«, sagt er selbstverständlich.
»Nach Westen?« Ich hätte gerne etwas genauere Angaben, aber er ist bereits wieder auf dem Spielfeld, und ich fahre an der Kirche vorbei aus Clonakilty hinaus.

Im Verlauf weniger Jahre hat Irland seinen religiösen Ballast abgeworfen. Die Durchführung von Sterilisationen unterliegt nicht mehr dem Ratschluss katholischer Krankenhausvorstände. Angesichts zurückgehender Eintritte und Überalterung beschloss die Konferenz der religiösen Orden Irlands, sich aus der Verwaltung der Mittelschulen zurückzuziehen. Gingen 1983 noch fast 90 Prozent der Iren einmal pro Woche zur Kirche, so sind es heute knapp 60 Prozent. Die Verfügbarkeit von Verhütungsmitteln ist, wie ein Blick in irische Apotheken bestätigt, kein Thema mehr, und die Einführung der zivilrechtlichen Scheidung 1995 hat nicht zu dem von konservativer Seite angedrohten Sturm auf die Gerichte geführt, sondern zu einem kontinuierlichen Strom von Scheidungen, der sich kaum vom europäischen Durchschnitt unterscheidet.

In den 80er Jahren kursierte unter irischen Feministinnen die Erklärung, es gebe in Irland nur zwei mögliche Rollen für die Frau: Jungfrau und Mutter; wie frau aber vom einen Zustand in den anderen käme, wolle niemand wissen. Allein die Distanz oder vielmehr Angst der irischen Männer vor den Verführungskünsten Evas erlaubte es der weiblichen Bevölkerung der Insel, sich unbepfiffen und unbelästigt zu bewegen. In diesem Sinne wird die Befreiung von katholischen Wertvorstellungen wohl auch gewisse Freiheiten beschränken, und das reichere Irland, so zeigen die Statistiken der wohltätigen Organisationen, spendet deutlich weniger Geld als das arme. Nun, wo die Erdbeeren mit Schlagsahne serviert werden, will niemand mehr teilen.

Victoria, Gallus und der König der Welt
Ausgewähltes aus dem Südwesten

Die Straße windet sich an einsamen Bauernhöfen vorbei. Auf manchen Feldern stehen Kühe und an den Hängen weiden Schafe. Allmählich baut sich eine graue Wolkenwand vor uns auf, dann beginnt es zu regnen. Finn ist mit seinem Hurling-Bericht zu Ende.
»Und nach dem Match …?«, frage ich.
Er schweigt.
»Ich dachte, wir würden zusammen weiterfahren?« Meine Stimme klingt gekränkter als ich will.
Finn rührt sich nicht.
»Du hättest wenigstens sagen können, dass du nicht mitkommst«, beharre ich.
»Du hast dich ja auch ohne mich ganz gut unterhalten«, entgegnet Finn, »mit deinem Wurstmacher.«
Er muss gesehen haben, wie Edward Twomey mich auf der Hauptstraße von Clonakilty umarmte.
»Es zeugt nicht gerade von einer guten Kinderstube, einfach zu verschwinden«, verteidige ich mich und werfe einen Blick zu Finn, doch der betrachtet mit ernstem Gesicht die vorbeigleitende Landschaft. Während der Regen gegen die Windschutzscheibe prasselt, versuche ich mich zu erinnern, was ich in dem Sagenbuch über Finns Kindheit gelesen habe. Bereits sein Vater, Cumhall (in anglisierter Schreibweise: Cool), war Anführer der Fianna, doch noch vor Finns Geburt wurde er von den Söhnen eines Rivalen getötet. Muirne, Finns Mutter, zu deren Vorfahren auch der Sonnengott Lugh zählte, hielt es für ratsam, ihren neugeborenen Sohn zu verstecken, insbesondere da ihr eigener Vater, der seine schöne, langhaarige Tochter nicht hatte

hergeben wollen, an Cumhalls Tod beteiligt gewesen war. Muirne gab Finn der Schwester von Cumhall, die den Jungen mit einer anderen Druidin zusammen in den Wäldern erzog. Der Name der Schwester ist mir entfallen –
»Bodhmall«, sagt Finn neben mir.
Genau, Bodhmall war ihr Name, und sie warf den Knaben ins Wasser, damit er schwimmen lernte, jagte ihn mit einer Rute um einen Baumstamm herum, damit er rennen lernte, und ließ ihn auf einem Feld gegen die Hasen wettlaufen, damit er springen und Haken schlagen lernte.
»Blarney«, murmelt Finn. War das in der Nähe von Blarney?
»Nein, in der Nähe von Kilkenny«, sagt Finn. Ob er deshalb nach dem Match verschwunden ist …?
Eines Tages standen die beiden Druidinnen mit dem kleinen Finn auf einem Hügel und erblickten eine Herde von Hirschen.
»Schade, dass wir keinen von ihnen fangen können«, sagte eine der Frauen.
»Warte«, sagte der Junge, rannte los und brachte ihnen zwei Hirsche zurück. Darauf beschlossen die beiden Frauen, dass es Zeit war, ihren Zögling in die Welt zu entlassen. An einem Fluss traf er ein paar Jungen und schwamm gegen sie um die Wette. Er besiegte sie alle, und sie nannten ihn Finn wegen seiner hellen Haare.
»Alles Blarney«, brummt Finn neben mir, und diesmal begreife ich, was er meint.
Blarney Castle wurde 1446 von den MacCarthys in der Nähe von Cork erbaut und ist in jedem Reiseführer zu finden. Es gehört zu den populärsten Sehenswürdigkeiten des Landes, wenn auch nicht wegen seines gut erhaltenen Turmes oder seiner schönen Lage, sondern dank dem Blarney Stone, der die Gabe der Beredsamkeit verleihen soll. Stundenlang warten die Hoffnungsvollen in der Hochsaison auf der engen Wendeltreppe, bis sie sich, von zwei kräftigen Einheimischen an den Beinen festgehalten, in 27 Metern Höhe kopfunter über die Zinnen beugen können, um den

Stein zu küssen. Dermot MacCarthy, der König von Munster, war seinen eigenen Beteuerungen zufolge ein ergebener Anhänger Elizabeths I., die in den 1580er Jahren ihren Einfluss auf der Nachbarinsel zu festigen suchte. Als treuer Gefolgsmann hatte er grundsätzlich nichts dagegen, seine Festung der Königin abzutreten, allein bei der Übergabe kam es immer wieder zu Verzögerungen. Mit Tanzvorführungen, Trinkgelagen und vor allem mit schönen Worten gelang es Lord Blarney, die englischen Gesandten stets aufs Neue abzulenken und unverrichteter Dinge nach Hause zu schicken.

»Alles Blarney«, soll die entnervte Herrscherin in London da eines Tages ausgerufen haben, »er sagt, er will, aber er meint es nicht.«

So gelangte der Ausdruck ›Blarney‹ in den englischen Wortschatz, wo er bis heute schöne aber nicht ganz wahre Geschichten bezeichnet.

Mit einem Mal brechen die Wolken über uns auf, und während es hinter uns noch regnet, scheint vor uns die Sonne. Da: ein Regenbogen, von einem magischen Pinsel in den Himmel gemalt.

Fragend wende ich mich zu Finn.

»Ihm nach«, meint er und deutet mit dem Kopf auf die farbigen Streifen, »bis wir den Topf voll Gold finden.« Er lächelt, und wieder rieselt es auf meiner Haut.

Wir fahren wir nach Westen.

»Killarney?«, frage ich nach einiger Zeit.

»*Begorah!*«

»Was?«

»Nicht nach Killarney«, meint Finn aufgebracht. »Seit diese fürchterliche Frau dort war ...«

»Fürchterliche Frau?«

»Ja, die mit dem Doppelkinn und der Spitzendecke auf dem Kopf –«

Ich betrachte ihn ratlos.

»Die Engländerin!«, erklärt er, und da dämmert es mir.
»Victoria, Queen Victoria.« Die englische Königin besuchte Killarney 1861. Sie war entzückt von der Gegend, und seither hat die Ortschaft einen festen Platz in jedem Reiseführer.
»Aber das ist über ein Jahrhundert her«, entgegne ich.
»Eben, und seit über einem Jahrhundert fährt jeder Trottel dorthin.«
»Aber die schönen Seen?«, protestiere ich.
»Von Golfplätzen umgeben.«
»Muckross House?« Muckross House ist ein Herrensitz mit einem berühmten Garten.
»Voll verschwitzter Touristen.«
»Und der Ring of Kerry?« Die meisten Besucher fahren von Killarney aus rund um die Halbinsel, deren landschaftliche Schönheiten ebenfalls von jedem Reiseführer angepriesen werden.
»Von Bussen verstopft.«
»Die Rhododendren?«
»Blühen nur im Frühling, jetzt ist Sommer.«
Ich gebe mich geschlagen.
»Wie wäre es mit Bantry?« versuche ich es nach einer Weile.
Finn wiegt den Kopf. Bantry liegt zwischen dem zweit- und drittuntersten der fünf ungleich großen Finger, die Irland im Südwesten in den Atlantik streckt. Das in den 1720er Jahren erbaute Bantry House enthält eine eigenwillige Sammlung von Möbeln und Kunstgegenständen, die der zweite Graf von Bantry aus ganz Europa zusammentrug. Das Haus blickt auf Bantry Bay hinaus, und hinter ihm führen Stufen, ›die Himmelstreppe‹, über Gartenterrassen einen Hang hinauf, von dem die Sicht sich immer weiter über die Bucht erstreckt.
»Wir könnten auf Garinish Island rausfahren?«, gebe ich zu bedenken. Gegenüber von Bantry House, auf der anderen Seite der Bucht, liegt eine kleine Insel, die 1910 von

einem Belfaster Geschäftsmann in einen exotischen Garten verwandelt wurde, mit einem italienischen Teich, einem griechischen Tempel, einem japanischen Felsengarten. In Booten kann man von Glengarriff aus auf die Insel übersetzen, die in paradiesischer Weise zu allen Jahreszeiten zu blühen scheint. Doch Finn ist nicht überzeugt. Ich stelle mir die Landkarte vor.

»Kenmare?«, ein properes Städtchen mit edlen Hotels, in denen sich wohlhabendere Touristen tummeln. Finn schweigt.

»Killorglin?«, weniger proper. Im August findet dort die Puck Fair statt, ein zweitägiges Fest, das ein Treffpunkt der Fahrenden ist und an dem mit Pferden gehandelt, getrunken, gesungen und ein Ziegenbock zum König gekrönt wird. Ein Lächeln spielt um Finns Mundwinkel, als erinnere er sich an etwas, doch er bleibt stumm.

»Dingle!«, sage ich mit Bestimmtheit. Dingle liegt auf der gleichnamigen Halbinsel, dem nördlichsten der fünf Finger. Die Ortschaft hat einen hübschen Fischerhafen, ist bekannt für ihre guten Restaurants und in ihrer Bucht ist Fungie anzutreffen, der dort residierende Delphin, den man schwimmend oder im Boot besuchen kann.

Dingle Pies sind mit Lammfleisch gefüllte Pasteten, die in Dingle und an der Puck Fair in Killorglin gegessen werden – eine Art ›Irish Stew en croûte‹.

Dingle Pies

Die Pasteten können in 2 größeren oder mehreren kleinen Formen gebacken werden.

1 kg Mürbeteig
1 Ei zum Glasieren

Victoria, Gallus und der König der Welt
Dingle Pies

Für die Füllung:
500 g Lamm- oder Hammelfleisch ohne Knochen (aus der Schulter oder Keule, die Knochen für die Fleischbrühe aufbewahren)
300 g gehackte Zwiebeln
300 g klein geschnittene Karotten
1 gehäufter TL Kümmelsamen
2 EL Mehl
300 ml Lamm- oder Hammelbrühe (Rezept siehe unten)
Salz und Pfeffer

Für die Fleischbrühe:
Lammknochen
1 Karotte
1 Stange Sellerie
Thymian, Petersilie und 1 Lorbeerblatt
Alles zusammen in einen Topf mit kaltem Wasser geben und 3 bis 4 Stunden auf kleiner Hitze kochen.

Für die Füllung überflüssiges Fett vom Fleisch abschneiden und in einer Pfanne auslassen; die Stücke, die sich nicht auflösen, entfernen. Das Fleisch klein schneiden. Das Gemüse unter Rühren im Fett 3 bis 4 Minuten anbraten. Gemüse herausnehmen und das Fleisch in dem verbleibenden Fett auf großer Hitze anbraten.
Die Kümmelsamen einige Minuten im Ofen erwärmen und leicht zerdrücken. Mehl und Kümmel unter das Fleisch mischen, 2 Minuten leicht kochen und die Brühe nach und nach dazugießen. Unter gelegentlichem Rühren aufkochen, das Gemüse dazugeben. Mit Salz und Pfeffer würzen und im zugedeckten Topf 30 Minuten (oder mit Hammelfleisch 1 Stunde) auf kleiner Flamme kochen.
Den Teig ausrollen und die eingefetteten Pastetenformen damit auslegen, wobei ein Drittel des Teigs für die Deckel zurückbehalten wird.
Die abgekühlte Füllung in die Formen geben. Das Ei mit etwas Wasser verrühren und die Ränder des Teigs damit bestreichen.

Victoria, Gallus und der König der Welt
Dingle Pies

In die Mitte der Teigdecken ein Loch schneiden, wie Deckel darauf legen und an den Rändern festdrücken. Mit geschlagenem Ei bestreichen und die Pasteten etwa 40 Minuten bei 200 °C backen.

»Dingle«, wiederholt Finn nachdenklich, »der Weiße Strand von Finntraigh. – Ja, fahren wir nach Dingle«, meint er nach einem Moment.
Auf der Halbinsel von Dingle steht auch das Gallarus Oratorium, ein kleines Bethaus aus Stein, das zwischen dem 6. und dem 9. Jahrhundert gebaut wurde. Es hat die Form eines umgestülpten Schiffes und ist die am besten erhaltene frühchristliche Kirche Irlands. Wie viele Sehenswürdigkeiten dieser Insel besticht das Gallarus Oratorium nicht durch Kunstfertigkeit oder Größe, sondern durch Schlichtheit, und wer den kleinen Innenraum betritt, glaubt die Andacht von Jahrhunderten zu spüren. Von den Erbauern des Bethauses ist nicht viel bekannt, aber sie könnten zu den Mönchen gehört haben, die wie Columban und Gallus um 590 ihre Heimat verließen, um Europa neu für das Christentum zu gewinnen. Aus Langeweile, behaupten böse Zungen, machten sich die Frommen auf den Weg, und ihre unkonventionellen – um nicht zu sagen gewalttätigen – Bekehrungsversuche lassen keine Zweifel, dass sie Abenteuern nicht abgeneigt waren. Nicht viel mehr als hundert Jahre waren vergangen, seit der Heilige Patrick die Lehre von dem Gekreuzigten nach Irland gebracht hatte, wo sie dank des Stellenwerts, den die Kelten der Gelehrsamkeit beimaßen, vor allem unter den Herrschenden rasch Wurzeln schlug. So wurde Irland im 6. und 7. Jahrhundert zum Hort all jenes Wissens, das andernorts unter den Ruinen des Römischen Reichs und dem Staub der Völkerwanderung verschüttet wurde.
Dass die Reiselust der irischen Mönche nicht nur der Bekehrung der Heiden galt, belegen die Aufzeichnungen über den Heiligen Brendan, der auszog, um die Insel des Ent-

zückens zu finden. Das auf Lateinisch verfasste Original des Berichts stammt aus dem 10. Jahrhundert.

Mit vierzehn seiner Mitbrüder macht sich Brendan, der Abt, auf die Suche nach dem »Gelobten Land der Heiligen«, in dem »die Nacht sich nicht senkt, der Tag nicht endet«, »keine Pflanze ohne Blüte ist, kein Baum ohne Früchte und jeder Stein ein Edelstein«. In Booten aus Ochsenhäuten, die mit Eichenrinde gegerbt und deren Fugen mit Fett zugeschmiert sind, segelt Brendan von der Insel des heiligen Enda – wohl Inishmore, die größte der drei Aran-Inseln vor der Bucht von Galway – nach Norden. Er findet die Insel der Schafe und die der Vögel (die Faröer?), die Insel, die ein Walfisch ist, die Insel der drei Chöre, die Insel der Greife, die Insel der Schmiede, die ganz mit Schlacke bedeckt ist und vom Dröhnen ihrer Hämmer erbebt (die Vulkane Islands?), die Insel der Dämonen, und vielleicht erreicht Brendan sogar die Insel der Trauben, das Vinland der Wikinger, Neufundland, auf der anderen Seite des Atlantiks, und damit Amerika. Nur drei Tage allerdings bleiben Brendan und seine Gefährten auf der Insel des Entzückens, dann kehren sie zurück, und Brendan stirbt kurz darauf, wie man es ihm im Gelobten Land prophezeit hat.

»Alle Feinde Irlands«, beginnt Finn seine Erzählung an diesem Abend, »scharen sich um den König der Welt.«
Wir sitzen in einem Pub in Dingle, und ich habe ihn nach dem Weißen Strand von Finntraigh gefragt, Ventry heute.
»Gemeinsam wollten sie Irland unterwerfen.« Der König der Griechen war unter ihnen, der König von Frankreich, der König des Ostens, Lughman mit den breiten Armen, Fiacha mit dem langen Haar, Comur mit dem krummen Schwert, Madan mit dem gebeugten Nacken und auch Ogarmach, die Tochter des griechischen Königs, die beste Kriegerin der Welt.
Finn nimmt einen Schluck von seinem Guinness und wischt sich den Schaum von der Oberlippe.

Als er vom Kommen der Feinde hörte, versammelte er die Fianna auf dem Weißen Hügel, wo Brombeeren und Nüsse in Fülle wuchsen und ihre Kochgruben immer voll waren. Doch bevor sie dem Feind entgegenziehen konnten, kam Cael zu ihm und sagte, dass er Credhe aus dem Feenvolk zur Frau begehre.
›Weißt du, dass sie von ihren Freiern ein Gedicht verlangt, in dem all ihre Schätze gepriesen werden?‹, fragte Finn.
›Ich hab das Gedicht‹, entgegnete Cael, und anstatt in den Krieg zog die Fianna mit ihm zu Credhe.
›Sie hat eine Schale mit Beerensaft, um ihre Augenbrauen zu schwärzen‹, sang Cael, ›Kristallfässer mit gärendem Weizen, Becher und Gefäße. Ihr Haus hat die Farbe von Kalk, aus Riedgras sind die Betten, mit seidenen Tüchern bedeckt, blauen Umhängen …‹, und er nannte alles, was zu nennen war. ›Und sie selbst, die all dies besitzt, Credhe vom Hügel der drei Spitzen, sie übertrifft alle Frauen Irlands um Speereslänge.‹ Credhe heiratete Cael, und die Fianna feierte sieben Tage lang.
Nachdenklich streicht Finn über sein Guinness-Glas.
Unterdessen waren die Schiffe des Königs der Welt vor der Küste von Ventry vor Anker gegangen. Der Wächter, den Finn in den Dünen zurückgelassen hatte, schlief. Als ihn der Lärm aufeinander schlagender Schwerter weckte, rannte er an den Strand, und drei Frauen in Kriegsrüstung rannten vor ihm, drei Schwestern aus dem Land der ewigen Jugend, die ihn alle liebten. Sie zauberten eine Druidenarmee für ihn, aus den Grashalmen und den Spitzen der Brunnenkresse, und sie hüllten ihn in einen Druidennebel. So schlug er den ersten Angriff zurück.
Doch das war nur der Beginn.
Finn wendet sich zur Theke und bestellt noch ein Bier.
Als er von der Ankunft der Feinde erfuhr, eilte er mit seinen Männern vom Hochzeitsfest an den Weißen Strand. Jeden Tag stellte sich einer der Krieger der Fianna einem

der Angreifer. Oisin, Finns Sohn, kämpfte gegen den König von Frankreich. Finn grinst.
»Der König von Frankreich hatte eine hübsche Frau«, erklärt er. »Ich konnte ja nicht ahnen, dass sie mir gleich ...« Die Pubbesitzerin stellt das Bier vor ihn hin. Die beiden Gegner trafen sich am Strand, und einmal schlug der König von Frankreich Oisin so heftig, dass ihm ein Stöhnen entfuhr. Doch zum Schluss packte eine Angst wie vor tausend Pferden oder dem Rollen des Donners den Franzosen und er floh so schnell, dass seine Füße den Boden nicht mehr berührten, bis ins Tal der wilden Männer, in dem sich seit jenem Tag alle Verrückten Irlands versammeln.
Ein Jahr und einen Tag kämpften die Krieger der Fianna gegen die Feinde Irlands. Die Söhne des Königs von Ulster kamen ihnen zu Hilfe und der Sohn des Hochkönigs von Irland, und Fergus mit den ehrlichen Lippen pries sie, aber sie alle fielen. Finn zögert: »Und dann kam die große Schlacht.«
Ein einziges Bataillon war ihm geblieben, gegen die letzten zehn Bataillone der Feinde. Aber Finn trug das feurige Schwert und den glühenden Schild, den Labran für ihn aus dem Land der weißen Männer geholt hatte. So stellte er sich dem König der Welt. ›Es war ein großer Kampf‹, bis die Kräfte des Königs nachließen und Finn ihm den Kopf abschlug. Da forderte Ogarmach, die Griechin, Finn zum Kampf, und sie stürzte wie eine Woge über ihn. Die Kriegerin focht lange, bis Finn ihr den Kopf abschlug. Dann sank er zu Boden, als wäre er tot.
›Dies ist ein schlechter Tag für die Armeen der Welt, aber er ist noch schlechter für die Fianna‹, meinte Fiannachta mit den Zähnen, der Hofmeister des Königs der Welt, als er über das Schlachtfeld ging. ›Ich werde nach Osten zurückkehren und es der Welt erzählen.‹
»Als ich diese Worte hörte, packte mich große Verzweiflung«, Finns Stimme schwankt, »und ich rief: Warum bin ich nicht gestorben, bevor ich den Fremden so sprechen

hörte. Nichts, das ich oder die Fianna getan haben, ist von Wert, solange dieser Fremde noch am Leben ist, der die Geschichte der Welt erzählen kann.«
Finn blickt an mir vorbei auf etwas in weiter Ferne.
Da begann Cael zu sprechen und sagte: ›Auf mein Wort, nur Helm und Rüstung halten meinen Leib noch zusammen. Trag mich zum Meer, Fergus mit den ehrlichen Lippen, und ich werde Fiannachta nachschwimmen und ihn töten.‹ Und so geschah es. Als Cael das feindliche Schiff erreichte, packte er Fiannachtas Handgelenk, zog ihn über Bord, und sie ertranken zusammen.
Finn greift nach seinem Glas und trinkt es leer.
»Dann«, fährt er nach einer Weile fort, »kamen die Frauen, die Sänger und die Ärzte der Fianna und begruben die Toten, pflegten die Verletzten. Auch Credhe aus dem Volk der Feen kam« – in Finns Augen glitzert es – »und sie klagte über dem Leichnam des ertrunkenen Cael:
›Kläglich ist der Ruf der Drossel auf dem lieblichen Hügel, traurig der Ruf der Amsel. Traurig, so traurig bin ich über den Tod des Helden, der neben mir lag. Die Wellen sind über seinen weißen Körper gespült, dessen Lieblichkeit mir den Verstand geraubt hat.‹«

In dieser Nacht lausche ich dem Rauschen des Meeres, das durch das halbgeöffnete Fenster zu mir hereindringt, und denke an Finn im Zimmer nebenan.

Gedanken-Flüge
Limerick von ferne

»Der Stechginster blühte, die Fuchsienhecken hatten schon Knospen; wilde grüne Hügel, Torfhaufen; ja, grün ist Irland, sehr grün ...«, schrieb Heinrich Böll in seinem *Irischen Tagebuch*. Bei strahlendem Sonnenschein haben wir Dingle an diesem Morgen in nordöstlicher Richtung verlassen. Die Ferienhaussiedlungen am Straßenrand sehen aus wie Kulissen für einen irischen Heimatfilm und mahnen mich an Bölls Beschreibung. Sein 1957 erschienenes *Tagebuch* hat Irland nicht nur auf der Landkarte des Deutsch lesenden Publikums festgeschrieben, sondern es auch – abschließend, so scheint es – definiert: grün und torfig, mit strohgedeckten Häuschen, in denen trinkende, singende Originale und fromme Mütter zahlloser rothaariger Kinder, arm aber fröhlich, schrullige Sprüche über den nie enden wollenden Regen austauschen. Seit dem Erscheinen von Bölls Ferienbetrachtungen hat das Wohlwollen gegenüber Irland beständig zugenommen. Bücher, die irgendwo auf dem Umschlag das Land erwähnen, stoßen auf blinde Begeisterung, und die im *Irischen Tagebuch* so treffend beschriebenen Eigenheiten der Insel haben sich im kollektiven deutschen Bewusstsein festgesetzt.
Natürlich hatte Böll recht mit den Priestern und den Pints. Auch heute gibt es hier noch (staatlich geschützte) Strohdächer und schafübersäte Wiesen, wenn ausländische Fernsehteams es auch immer schwieriger finden, jene Bilder zu filmen, die ihre Zuschauer von der grünen Insel erwarten. Dennoch kann selbst ein oberflächlicher Betrachter nicht übersehen, dass sich Irland seit 1957 verändert hat. Heute werden auf dieser Insel nicht nur Computerchips und Soft-

ware für die gesamte westliche Welt produziert, sondern auch Sandimmun und Viagra, und wer in Berlin oder Paris telefonisch einen Mietwagen von Hertz bestellt, spricht mit einem Angestellten, der ein paar Kilometer von Julianstown entfernt sitzt. Jeder, der auf dieser Insel lebt, wurde von den Veränderungen der letzten Jahre betroffen, und nichts ist mehr so wie es war. Außer auf dem Papier. Denn neben all den lesenswerten Büchern, die über und in Irland geschrieben werden, sind es just Ergüsse wie jüngst *Die Asche meiner Mutter*, die den deutschsprachigen Markt dominieren. Auf den ersten paar Seiten sind sie da alle versammelt: die Armut, der Alkohol, ungewollte Schwangerschaft, Gewalt und Kirche. Mit feuchten Augen liest sich der Leser durch Frank McCourts trostlose Kindheit in Limerick, und hat nicht schon Böll gehofft, diese Stadt möge wie »eine Fata Morgana des Regens« vom Erdboden verschwinden?

Finn wendet plötzlich den Kopf. Im letzten Moment sehe ich den Traktor vor mir auf die Straße einbiegen und bremse. Zweifellos ist *Die Asche meiner Mutter* eindringlich und spannend geschrieben. Zweifellos berichtet der Autor seine Kindheit so akkurat, wie er sie erinnert. Dass er den größten Teil seiner Jugend in den USA verbracht hat, mag seine Sicht gefärbt haben, aber er wäre nicht der Erste, der die alte Welt etwas dunkler malt, damit die neue etwas heller erscheint. Auch das wäre dem Buch zu verzeihen. Unverzeihlich hingegen scheint der Erfolg eines Werkes, das nur Abgestandenes wiederholt, zu einer Zeit, in der es so viel Neues über Irland zu berichten gibt. Allzu leicht vermischen sich Vergangenheit und Gegenwart im Kopf des Lesers. Dahin sind alle Leistungen Irlands, das sich mit Münchhausen'scher Unbeirrtheit am Schopf genommen hat, und wir sitzen wieder im Schlamm der Klischees. Mit 20 Stundenkilometern schleiche ich hinter dem Traktor her, dessen Räder feuchte Erdklumpen in die Luft werfen.

Unvermittelt beginnt Finn neben mir zu zitieren:
»Da gab's einen Alten in Gibraltar
Der badete nur jedes Schaltjahr
Das letzte Bad zwar
Das verschob er fünf Jahr
Weil das Schaltjahr in Gibraltar so kalt war.«
»Da«, erklärt Finn, als ich mich nach dem Anlass dieser unverhofften dichterischen Einlage erkundige, und deutet auf einen Wegweiser: »Croom. Da kommt der Limerick her.«
Im 18. Jahrhundert war die kleine Stadt in der Grafschaft Limerick Treffpunkt irischer Dichter, die diese Versform angeblich erfunden haben.
»Nach dem Oxford English Dictionary erstmals 1896 in einem Brief von Aubrey Vincent Beardsley erwähnt«, fährt Finn in leicht abschätzigem Tonfall fort.
»*Der* Beardsley?« Ich erinnere mich an die eleganten, nicht immer ganz jugendfreien Illustrationen des jungverstorbenen Freundes von Oscar Wilde.
»Genau, und bekannt sei der Limerick dann durch Edward Lear geworden.«
»Lear?«
»Auch ein Maler jener Zeit, der bücherweise sinnlose Verse verfasste. Aber die Engländer haben ja immer Wege gefunden, unsere literarischen Errungenschaften sich selbst zuzuschreiben.«
»Und warum heißt es Limerick?«, erkundige ich mich.
»Weil angeblich jeder Vers mit dem Satz: ›... und komm mit mir nach Limerick‹ endete, aber das ist natürlich auch Unsinn.«
Es scheint mir besser, mich nicht tiefer in literarische Diskussionen einzulassen.
»Und kommst du mit mir nach Limerick?«, frage ich nach einer Weile. Limerick ist nach Dublin und Cork die drittgrößte Stadt Irlands. Doch trotz Schloss, Kathedrale, Museen und einer modernen Universität kämpft es mit einem schlechten Ruf, Arbeitslosigkeit und hoher Kriminalität.

»Wir könnten dem Shannon folgen«, schlage ich vor, als Finn nicht auf meinen Vorschlag eingeht. Der Shannon, der längste Fluss Irlands, entspringt in der Grafschaft Cavan und windet sich malerisch durch die Insel. Heute treiben Touristenboote darauf, aber einst, als Wasser noch verband, bildete er eine wichtige Verkehrsader, an deren Ufer Festungen, Siedlungen und Klöster gebaut wurden. Gleich nach Limerick verbreitert sich der Fluss und mündet in einem langgezogenen Delta in den Atlantik.

»Shannon«, wiederholt Finn, und dann: »Irish Coffee!«

Shannon heißt auch der Flughafen westlich von Limerick, auf dem früher Transatlantikflüge vor oder nach der Reise über den großen Teich auftankten. Und es heißt, ein Barkeeper habe dort 1942 den Irish Coffee erfunden, um die übernächtigten Reisenden mit einer aufmunternden Mischung zu bewirten – dem unvermeidlichen Kaffee, verbunden mit dem Besten, was Irland zu bieten hat: Sahne und Whiskey.

Irish Coffee

Pro Person:

heißer schwarzer Kaffee
Zucker nach Geschmack
1 Schnapsglas Whiskey (20 ml)
3 EL leicht geschlagene Sahne

Den heißen Kaffee in ein gut vorgewärmtes Glas gießen, den Zucker darin verrühren, dann den Whiskey dazugeben. Die Sahne über den Rücken eines Löffels vorsichtig darauf gießen, so dass sie auf der Flüssigkeit schwimmt, aber sich nicht mit ihr vermischt. Das heiße Getränk soll durch die kühle Sahne hindurch getrunken werden.

»Kommt dir nur Alkohol in den Sinn, wenn du Shannon hörst?«, frage ich Finn mit gespielter Empörung.

Gedanken-Flüge

»Flugzeugwartung, Freihandelszone und so weiter«, meint er lustlos.
»Aber früher war der Flughafen doch wichtig?«, wende ich ein.
»Ja, aber die wichtigsten Flüge starteten immer in Dublin, auch der erste.«
»Der erste?«
Während wir um die Stadt Limerick herumfahren, beginnt Finn Mac Cool zu erzählen.

In den Morgenstunden des 12. April 1928 rollte eine einmotorige Propellermaschine über die notdürftig verlängerte Startbahn des Dubliner Militärflughafens Baldonnell. Sie trug die irische Trikolore und die schwarz-weiß-rote Flagge des deutschen Kaisers, und in ihr saßen Hauptmann Hermann Köhl, Colonel James Fitzmaurice – Pilot und Kopilot – sowie Freiherr Günther von Hünefeld, Geldgeber des bevorstehenden Fluges, auf dem zum ersten Mal der Atlantik in ost-westlicher Richtung überflogen werden sollte.
Neun Jahre zuvor war das britisch-amerikanische Team Alcock und Brown auf ihrem Flug von Neufundland im irischen Moor notgelandet, und 1927 hatte Lindbergh den Atlantik im Alleinflug überquert. Aber der Versuch, in umgekehrter Richtung – von der alten in die neue Welt – zu fliegen, war bisher gescheitert und hatte sechzehn Menschenleben und sechs Maschinen gekostet. Auch das Schicksal der *Bremen*, die auf Kosten eines Bremer Kaufmanns vom Flugboot zum Flugzeug umgebaut wurde, scheint an diesem Aprilmorgen für einen Augenblick in der Schwebe. Unbemerkt von dem mit den Startvorkehrungen beschäftigten Piloten, tritt aus der Dämmerung ein Schaf auf die Piste, und hätte Fitzmaurice, der irische Kopilot, die Maschine nicht im letzten Moment hochgerissen, wäre die Transatlantiküberquerung noch vor ihrem Anfang zu Ende gewesen. So aber hüpft die mit Brennstoff schwer beladene Ma-

schine über das zu Tode erschrockene Hindernis hinweg, setzt noch einmal auf und erhebt sich dann mit ungebremstem Anlauf definitiv in die Luft.

Köhl war Experte für Nacht- und Schlechtwetterflüge bei der eben gegründeten Deutschen Luft Hansa gewesen. Von Hünefeld hindert ein erblindetes Auge zwar daran, selbst am Steuerknüppel zu sitzen, aber sein Enthusiasmus für die Aviatik ist ungemindert. Als die deutsche Regierung nach all den misslungenen Versuchen des Ostwestfluges die Ausreise der *Bremen* verbietet, fliegen Köhl und Hünefeld ihre Maschine kurzerhand ohne Erlaubnis nach Dublin. Dort stößt der Ire Fitzmaurice zu ihnen, der 1919 den ersten nächtlichen Postflug von Folkestone nach Köln flog. Nachdem ihm über Brüssel ein Kartenblatt aus dem Flugzeug gefallen war, kam er allerdings von der Route ab und landete im Niemandsland.

Nach vierzehn Stunden über dem Atlantik befindet sich die *Bremen* noch immer auf dem vorgesehenen Kurs. Mit Anbruch der Nacht aber erhebt sich ein Sturm. Das Flugzeug scheint stillzustehen, doch der Südwind treibt die mit keinerlei Navigationsinstrumenten ausgerüstete Maschine nach Norden. Pilot und Kopilot wechseln sich im Blindflug ab, während von Hünefeld sie mit belegten Broten, Tee und Bouillon aus Thermoskannen und den 24 schon vor Abflug geschälten Orangen futtert. Als der Sturm nach fünf Stunden endlich nachlässt, sehen sie die schneebedeckten Weiten Labradors unter sich. Sie halten Kurs auf Süden, doch es dauert fast den ganzen Tag, bis sie wieder menschliche Behausungen sichten. 36 Stunden nach dem Start setzt die *Bremen* auf einem zugefrorenen Stausee auf Greenly Island in der Meerenge zwischen Neufundland und Labrador auf, rund 650 Kilometer von der vorgesehenen Route Dublin – New York entfernt. Damit – so Lindbergh – ist der Mount Everest der Aviatik erklommen.

Im Triumphzug ziehen die drei Helden in den folgenden Monaten durch die Vereinigten Staaten, Irland und Eng-

land; auch in Bremen werden sie gefeiert. Danach allerdings scheint ihr Glück aufgezehrt. Von Hünefeld stirbt bereits im Jahr darauf, Köhl 1938. Fitzmaurice versucht sich erfolglos in verschiedenen Flugprojekten und endet sein Leben 1965 verarmt und verbittert in einem Dubliner Krankenhaus.
»Wer das Pech hat, etwas Nützliches für Irland zu tun«, meinte er, »der wird mit allen Mitteln zerstört. Und wenn man dann tot ist, graben sie dich aus, um mit deinem Verdienst ihre eigene Mittelmäßigkeit zu verdecken.« 1998 gab die irische Post zum Gedenken an Fitzmaurices Atlantikflug eine Briefmarke heraus.

Zauber aus dem Sack
Die Klänge von Clare

An diesem Nachmittag sind wir über das weite Kalksteinplateau gefahren, das in der Grafschaft Clare in den Atlantik ragt. Cromwells Leute meinten, dass es in dieser Landschaft »weder genug Wasser gibt, um einen Mann zu ertränken, noch einen Baum, ihn zu erhängen, noch Erde, um ihn zu begraben«. Und doch ist der Burren – nach irisch: ›boireann‹ für ›felsiges Land‹ – voller Schätze. Wind und Wasser haben winzige Täler in den Kalk gegraben, Kessel und Klüfte unter vorstehenden Kanten, in denen Pflanzen gedeihen, die gewöhnlich durch mehrere Breitengrade voneinander getrennt sind, Enziane und Orchideen, alpine und mediterrane Blumen Seite an Seite. Ein botanisches Wunderland zwischen seichten Seen, das zum Atlantik hin in den atemberaubenden Kliffs von Moher endet.

Während die untergehende Sonne die Kalksteinhänge violett färbt, fahren wir zwischen Fuchsienhecken weiter nordwärts. Ein Bauer am Straßenrand hebt die Hand zum Gruß, ein paar Schafe blicken uns nach. Ab und zu tauchen die Reste alter Befestigungen auf und ein Schild weist auf die Höhlen von Aillwee. Der Burren ist von unzähligen unterirdischen Gängen durchzogen.

»In diesen Hügeln ...«, beginne ich.

»Hmm?«

»... da liegt wohl eine ganze Welt.«

»Die Andere Welt«, lächelt Finn versonnen, »in der es weder Krankheit noch Kummer gibt, keine Arbeit, kein Altern und Speise und Trank in Hülle und Fülle.«

Ich habe in den Sagenbüchern vom Land der Jugend und des Vergessens gelesen, das an manchen Tagen seine Tore

den Sterblichen öffnet. Credhe aus dem Volk der Feen, die vor der Schlacht am Weißen Strand Cael heiratete, kam von dort. Mancher nichtsahnende Musikant wurde, den Sagen zufolge, auf seinem nächtlichen Heimweg in die Andere Welt gelockt, um einen Abend lang für die Feiernden aufzuspielen, und wenn er in seine eigene Welt zurückkehrte, waren Jahre vergangen.
»Warst du selbst …?«, ich zögere.
»Hier!« Finn deutet auf ein kleines Haus am Straßenrand.
»Du kannst im Hof hinten parken.«
Folgsam biege ich in die schmale Einfahrt. Da steht tatsächlich schon eine ganze Reihe von Autos, und als wir auf das Haus zugehen, entdecke ich auch das Pub-Schild über der Tür.

Der erste Ton klingt wie das Trompeten eines fernen Elefanten, und es dauert an, als käme es aus meinem eigenen Kopf. Sekunden verstreichen. Keine natürliche Lunge könnte den Klang so lange halten. Allmählich wird er lauter, bis sich mit einem Mal eine Melodie daraus löst, die mit fast frivoler Leichtigkeit über das beharrliche Dröhnen gleitet.
Finn nickt den Musikern zu, als wir das vollgepackte Pub betreten, und kaum haben wir auf den beiden letzten freien Hockern Platz genommen, beginnen sie zu spielen.
Der übermenschliche Klang kommt aus den Bälgen, Pfeifen und Röhren einer Uilleann Pipe, der irischen Schwester des Dudelsacks, die auch äußerlich halb Tier, halb Instrument scheint. Wie nichts anderes vermag sie die Nebel keltischer Mystik heraufzubeschwören, und das hiesige Fremdenverkehrsbüro wie auch die einheimischen Butter- und Bierproduzenten machen sich dies seit längerem zunutze. Aber tatsächlich ist der irische Stammbaum der Sackpfeife keineswegs so astrein wie der von Harfe, Flöte und Fiedel. Erst zu Beginn des 18. Jahrhunderts hat sie sich von der Familie der schottischen Kriegspfeifen getrennt, und die heute verwendete Version wurde Mitte des 19. Jahrhunderts in

Philadelphia entwickelt, von den Taylor-Brüdern, die aus der Provinzstadt Drogheda – fünf Kilometer nördlich von Julianstown – nach Amerika ausgewandert waren. Dennoch beharren gewisse Puristen darauf, dass nur jene Melodien, die sich auf der Uilleann Pipe spielen lassen, wirklich die Bezeichnung ›irisch‹ verdienen, und der Musikexperte und Dichter Ciaran Carson meint gar, die Uilleann Pipe sei ein geradezu ideales Instrument für jene, die den Geist der irischen Nation in einem Gegenstand verkörpert sehen möchten, denn sie sei konkret und kompliziert zugleich und über ihre Röhren, Pfeifen, Klappen und Ventile ließe sich diskutieren, bis die Kühe nach Hause kommen.

Uille, so das irische Wörterbuch, ist ein Ellbogen und alles was einem Ellbogen gleicht, Winkel, Knie und Ecke, aber auch Neigung. Im Gegensatz zum schottischen wird der irische Dudelsack nicht durch ein Blasrohr vom Mund gefüllt, sondern durch einen kleinen, unter den Ellbogen geschnallten Blasebalg. Auch lassen sich die Uilleann Pipes nicht im Gehen spielen. Deshalb sind sie gänzlich ungeeignet, um in die Schlacht zu ziehen oder auch nur durch die Straßen Nordirlands, die jeden Sommer vom Pfeifen und Trommeln derjenigen widerhallen, die sich an vergangene Schlachten erinnern.

Mit ihren Pfeifen aus Silber, Elfenbein und Ebenholz waren die Uilleann Pipes nie ein Instrument der armen Leute. Der unvergleichliche Klang, aber auch die Schwierigkeit, das Instrument zu spielen, verleihen dem Ellbogenpfeifer noch heute einen besonderen Status unter Irlands Musikern. Sieben Jahre üben und sieben Jahre spielen muss ein rechter Pfeifer, so will es die Tradition, und die guten – allesamt Männer – lassen sich an einer Hand abzählen.

Liam O'Flynn ist einer von ihnen. In eine Musikerfamilie hineingeboren, zog es ihn von Kindesbeinen an zu den Uilleann Pipes, und nach lustlosen Versuchen mit Klavier, Flöte und Geige wurde er mit elf Jahren von einem berühmten Meister in die Lehre genommen. Denn Pfeifen und ein

Pfeifer sein ist nicht dasselbe, und wie jede geheime Kunst wird auch diese nur an ausgewählte Schüler weitergegeben. Als Mitglied der Gruppe Planxty verhalf der junge Liam O'Flynn dann in den 70er Jahren der irischen Volksmusik zu neuer Popularität. Seither ist sein Ansehen beharrlich gewachsen, und auch außerhalb des traditionellen Bereichs ist sein Name bekannt. Seine Uilleann Pipes sind auf Aufnahmen von John Cage, Kate Bush und Mark Knopfler zu hören.

Am Rand seines Stuhles sitzend, den Blasebalg unter dem rechten, den Windsack im linken Arm, wandern die Finger des Spielers über die Pfeifen auf seinen Knien. Sein Gesicht scheint aus Stein gemeißelt. Während er spiele, schaue er nach innen, sagt Liam O'Flynn, und jeder Versuch, mit dem Publikum in Blickkontakt zu treten, würde den Zauber brechen, den die Melodie über Musiker und Zuhörer legt.

Nach einiger Zeit nehmen auch die anderen Musiker ihre Instrumente, und die erhabenen Klänge der Uilleann Pipe münden in die wehmütige Fröhlichkeit von Jigs und Reels. Ab und zu wird einer der Zuhörer zum Singen aufgefordert, und jeder kann singen hier. Die Balladen erzählen von Abschied und Trennung, Liebe und Tod, und die verlorene Geliebte ist stets auch das verlorene Irland. Ich betrachte Finn von der Seite.

»Ich ging hinaus in den Haselnusshain …«, singt eine Frau mit teigigem Gesicht und schlecht gefärbtem Haar. Es ist ein Gedicht von W. B. Yeats, das die Suche des wandernden Aengus beschreibt, des Gottes der Liebe.

»… und ich fing eine kleine Silberforelle …« Ich habe das Lied schon viele Male gehört, aber noch nie wie aus dem Mund dieser Frau.

Der gefangene Fisch verwandelt sich in ein Mädchen mit Apfelblüten im Haar, das Aengus bei seinem Namen nennt, bevor es im Glitzern der Luft verschwindet.

»Und wenn ich auch alt vom Wandern bin
durch leeres Land und Hügel,
werde ich finden, wohin sie gegangen ist,

ihre Lippen küssen, ihre Hände halten
und durch das hohe, gescheckte Gras gehen,
um, bis Zeiten und Zeit schwinden, zu pflücken
die silbernen Äpfel des Mondes,
die goldenen Äpfel der Sonne.«
Es ist vollkommen still im Pub, als die Stimme der Frau verstummt. Ich denke an die Geschichte von Diarmuid und Gráinne. Finn Mac Cool, so heißt es, war bereits ein gestandener Mann, als er beschloss, die junge Gráinne zur Frau zu nehmen. Doch beim Hochzeitsfest verliebte sich die eigenwillige Braut in Diarmuid mit dem Liebesfleck, den Sohn von Aengus, dem keine Frau widerstehen konnte, und obwohl er sich wehrte, zwang sie ihn, mit ihr zu fliehen. Sechzehn Jahre lang soll Finn die beiden verfolgt haben, bis Aengus selbst ihn überzeugen konnte, mit Diarmuid Frieden zu schließen. Doch auch dann hat Finn seinem Rivalen nicht ganz verziehen, und als Diarmuid auf der Jagd von einem magischen Eber verwundet wird, verweigert Finn ihm den rettenden Trank. Diarmuid stirbt. Finn aber kehrt zu Gráinne zurück. Er redet mit ihr, und seine Worte sind so voller Liebe, dass sie ihn schließlich heiratet.

Unbemerkt haben die Musiker wieder zu spielen begonnen, und nun werden Tische zur Seite gerückt, um Platz zu machen für die jungen Mädchen, die ihre Tanzkünste zum Besten geben wollen. Ihre Gesichter strahlen und jeder weiß, wovon sie träumen . . .
Es begann vor über dreißig Jahren mit Blumen, Bienen, Schneeflocken und Sonnenschein. *All kinds of everything*, sang die Teenagerin Dana 1970 in Amsterdam, und die Juroren gaben der nordirischen Schülerin aus Mitgefühl – Nordirland füllte damals die internationalen Schlagzeilen mit Schreckensmeldungen –, Erschöpfung – Dana war im Jahr zuvor bereits Zweite geworden – oder Überzeugung den ersten Preis. Es war das erste Mal, dass Irland den Europäischen Schlagerwettbewerb gewann, und die kleine Siegerin

mit der Zahnlücke lief am nächsten Tag in die Kirche, um dem lieben Gott für ihren Erfolg zu danken, mit dem sie die englische Teilnehmerin, Mary Hopkins, auf den zweiten und Julio Iglesias gar auf den neunten Platz verwiesen hatte. Zwei Jahre später wurde Irland Mitglied der EG und bis Mitte der 90er Jahre hatte die Insel nicht nur wirtschaftlich, sondern auch musikalisch den Anschluss an Europa geschafft. Ja, für eine Zeit schienen die Iren geradezu unschlagbar. Ein hörbares Stöhnen ging durch die nationalen Medien, als Irland 1994 – nach einem Sieg im Vorjahr – erneut das Schlagerfirmament Europas gastfrei halten musste. Nicht nur die Finanzen, auch die Ideen, mit denen das internationale Publikum in der Pause zwischen Beiträgen und Punktvergabe unterhalten werden sollte, gingen zur Neige. Nachdem der Wettbewerb bereits drei Stunden Schlager frei Haus lieferte, stand eine weitere Gesangsvorführung außer Diskussion. Man entschied sich für eine Tanzeinlage, die im Interesse der nationalen Imageförderung irischen Charakter haben sollte. So kam es, dass im April 1994 300 Millionen europäische Fernsehzuschauer der Wiedergeburt einer seit Jahrzehnten totgeglaubten Tanztradition beiwohnten. Zu einer magischen Mixtur irischer Klänge steppten Michael Flatley und Jean Butler – beide irischstämmige Amerikaner – über die Eurovisionsbühne, und das Publikum, vor allem das einheimische, war sprachlos. Das in den Händen von Schulmeistern und irischen Emigrantenvereinen zu einer Gymnastikübung für pubertierende Mädchen verkommene Irish Dancing, bei dem der Oberkörper vollkommen unbeweglich gehalten wurde, funkelte mit einem Mal vor Sinnlichkeit. Schwarzbestrumpfte Beine schwangen im Gleichklang durch die Luft, Locken flatterten über bloße Schultern, und der tiefausgeschnittene Michael Flatley brach in Sekunden die Teenagerherzen einer ganzen Generation. Wer in Irland Beine hatte, wollte tanzen. Zehn Monate später hatte ›Riverdance‹ – so der Titel der Pauseneinlage –, nun zu einer mehrstündigen Show

ausgebaut, Premiere in Dublin. Danach gab es kein Zurück. Die ursprüngliche Truppe wurde verdoppelt, dann verdreifacht, um die Engagements in allen Erdteilen zu erfüllen, und während die Gewinner der Eurovision 1994 – es war wiederum der irische Beitrag – längst vergessen sind, tanzen die Iren noch immer über die Bühnen der Welt.
Michael Flatley allerdings, der mit 26 *taps* pro Sekunde angeblich der schnellste Stepptänzer der Welt ist, trennte sich bereits nach sechs Monaten von Riverdance, um in einer eigenen Show mit seinen für 40 Millionen Dollar versicherten Beinen das Rampenlicht ungeteilt zu genießen. Die kleine Dana aus Derry besann sich nach einer erfolgreichen Karriere als religiöse Sängerin in den USA auf ihre Wurzeln und vertritt seit einigen Jahren Irland im Europäischen Parlament. Irland hat 2001 in der Eurovision so schlecht abgeschnitten, dass es im folgenden Jahr nicht einmal mehr teilnehmen durfte.

Es ist dunkel, als wir das Pub verlassen, und während ich den sternenbesetzten Himmel bewundere, überlege ich, wie viele Jahre an diesem Abend vergangen sind. Finn verabschiedet sich von den Musikern wie von alten Freunden. Sein weißer Schopf leuchtet in der Nacht, als er über den Hof auf mich zukommt. Seine Widersacher behaupteten, er habe Gráinne mit einem Zauber belegt, damit sie ihn heiratete, aber ich glaube es nicht.
Im Licht meiner Scheinwerfer folge ich der Straße zwischen den Hecken, und nach einer Weile ist in der Ferne das Glitzern des Meeres zu sehen. Ein paar Häuser, ein Dorf, ein kleiner Hafen, ein Restaurant. ›Frische Muscheln‹, steht auf der Tafel davor.

Warmer Muschelsalat

Für 4 Personen:
verschiedene Salatblätter (z. B. Kopfsalat, Eisbergsalat, Endiviensalat, Rucola)
1 Tomate
Salz, frisch gemahlener Pfeffer und Zucker
2 Frühlingszwiebeln
24 Miesmuscheln
1 Avocado

Für die Salatsauce:
1 EL Weinessig
2 EL Sonnenblumenöl
1 EL Olivenöl
1 kleine, zerdrückte Knoblauchzehe
1 sehr kleine, fein gehackte Zwiebel
1 TL gehackte Petersilie
1 TL Senf
Salz und frisch gemahlener Pfeffer

Die Zutaten für die Salatsauce gut miteinander verrühren. Die Salatblätter waschen und zerkleinern. Tomate häuten und klein schneiden, mit Salz, Pfeffer und Zucker würzen. Frühlingszwiebeln putzen und inklusive der grünen Spitzen in schmale Ringe schneiden. Muscheln waschen, geöffnete Exemplare aussortieren und die geschlossenen in eine schwere Pfanne geben und mit einem Tuch bedecken. Auf kleiner Hitze erwärmen, bis sie sich öffnen. Muscheln aus den Schalen lösen.

Avocado halbieren, entsteinen, schälen und in kleine Würfel schneiden. Mit Salz und Pfeffer würzen. Vor dem Servieren die Salatblätter in der Sauce wenden, auf 4 Teller verteilen, die warmen Muscheln und die Avocado darauf verteilen und die Tomate sowie die Frühlingszwiebeln darüber streuen.

Die Liebe in Galway
Irlands weltoffener Westen

»Die Liebe«, grinst Finn am nächsten Morgen, nachdem die verweinte Kellnerin, die mir das Frühstück gebracht hat, wieder in der Küche verschwunden ist. Während ich mein Rührei verzehre, berichtet er, dass der französische Freund das Mädchen zugunsten ihrer besten Freundin verlassen hat. Wir sitzen in einem Bed & Breakfast in Galway, dem Zentrum des Gälisch sprechenden Irlands, dessen große Universität das Leben und Nachtleben der Stadt bestimmt.

Wir schlendern durch die Gassen der Stadt, und Finn erzählt von den Galway Races, den Pferderennen im Juli, die alles anlocken, was in Irland Rang und Namen hat. Mein Blick bleibt am Schaufenster von Kenny's Bookshop hängen. Es ist vermutlich der beste, sicher aber der bekannteste irische Buchladen. Lange bevor unsere Briefkästen mit unabbestellbaren Katalogen zugestopft wurden, stand ein amerikanischer Anwalt fluchend vor Kenny's gut bestückten Regalen und beklagte sich, dass er dies alles auf der anderen Seite des Atlantiks nicht bekommen konnte. Maureen, die Inhaberin, schlug dem frustrierten Kunden vor, ihm alle paar Monate ein Bücherpaket zu schicken; er gab ihr seine Kreditkarte, und damit begann ein Versandgeschäft, das heute über 1400 Kunden in 35 Ländern mit irischen Büchern beliefert. Auf dem Bestellformular – das unter www.kennys.ie im Internet zu finden ist – kann man seine Interessen und Wünsche angeben: wie viele Pakete pro Jahr man erhalten möchte und wie teuer sie sein dürfen. Des, Maureens Sohn, der den Laden heute führt, stellt dann eine entsprechende Sammlung aus Neuerscheinungen oder antiquarischen Büchern zusammen. In seiner ausgedehnten Korrespondenz erfährt er viel Persönliches: Ehe- und Arbeitsprobleme, Gesundheitliches und Wirtschaftliches und natürlich die Wünsche und Träume seiner Kunden. Manchmal schickt er ihnen auch Ungewünschtes: »Ich versuche zum Beispiel Männer davon zu überzeugen, etwas von einer Frau zu lesen.« Die meisten seiner Kunden schätzen seine Versuche, ihren Horizont zu erweitern, und natürlich kann jedes Buch zurückgeschickt werden. Aus den 200 Paketen, die Des pro Woche verschickt, kommen allerdings weniger als zehn Bücher zurück, und er spezialisiert sich auf Publikationen, die eben nicht überall zu haben sind. »Jedes Buch im Laden hat seinen Kunden«, meint Des, seine Mutter zitierend, »man muss nur den Kunden finden.«

»Und Ende September«, erzählt Finn weiter, »findet das Galway Austernfestival statt.«
Ich habe Gerüchte über das jährliche Wettfressen gehört, bei dem pro Runde zwölf Austern und ein Pint Guinness vertilgt werden müssen. Doch tatsächlich, behauptet Finn, bestehe der Wettstreit nicht im Essen, sondern im Öffnen der Muscheln. Die Bewerber erhalten 30 Austern, und wer sie zuerst perfekt geöffnet hat, ist der Sieger. Über 100 000 einheimische Austern werden dabei verzehrt. Das Festival, das 1954 gegründet wurde, markiert den Beginn der Austernsaison. Seine Veranstalter vergleichen es mit dem Münchner Oktoberfest – Teilnehmer müssen über Durchhaltevermögen und vor allem über eine gute Leber verfügen. »Zudem gelten Austern als Aphrodisiakum«, meint Finn, und um seinen Mund zuckt es.
Wir haben den Spanish Arch erreicht, eine Befestigung, die 1584 zum Schutz des Galwayer Hafens erbaut wurde. Hier pflegten die spanischen Handelsschiffe ihre Waren zu entladen, nachdem sie die vor der Küste lauernden Piraten umsegelt oder bezahlt hatten.

Die Liebe in Galway

»Es ist ein kalter Wind, der keine Gnade kennt«, singt Grace O'Malley in der gleichnamigen Komposition des Iren Shaun Davy. Grace O'Malley – gälisch: Granuaile – war nach Ansicht ihrer Zeitgenossen »keine geringe Dame« und noch heute, 400 Jahre nach ihrem Tod, bewegt sie die Gemüter. Von den einen wird sie als ruchlose Piratenkönigin dargestellt, von den anderen zur irischen Patriotin hochstilisiert. Zweifellos aber war sie eine außergewöhnliche Frau, die nach Ansichten ihrer Zeit mit ihrem »unfraulichen« Lebensstil »den Bereich des Weiblichen schamlos überschritt«.

Um 1530 als einziges Kind des damaligen Führers des O'Malley-Clans geboren, hätte Grace ihr Leben eigentlich im sicheren Schutz von Festungsmauern verbringen sollen. Doch bereits als kleines Mädchen fand sie den Weg auf die Schiffe ihres Vaters, die sie nach Schottland, England, Portugal und Spanien brachten. Mit sechzehn wurde Grace an den Sohn eines benachbarten Clan-Fürsten verheiratet. Allein, Donal der Schlachten machte seinem Beinamen alle Ehre, und seine häufige Abwesenheit zwang Grace, neben der Erziehung ihrer drei Kinder auch die traditionell ihrem Mann zugeordneten Funktionen zu übernehmen. Um 1560 wird Donal vom Joyce-Clan, dessen Inselfestung im Corrib-See er besetzt hält, ermordet. Doch zum Erstaunen der Joyce vermag Grace die Festung auch allein zu halten. Sie lässt das Dach der Burg einschmelzen und gießt das heiße Blei über die Belagerer, die die Insel fluchtartig räumen. Die Festung erhält den Namen ›Hen's Castle‹, das Schloss der Henne.

Grace beginnt, ihren Lebensunterhalt mit Handel und Soldnerdiensten zu verdienen, und natürlich mit Überfällen und Plünderungen. 1566 heiratet sie Richard Burke – wegen seiner Liebe zu eisernen Rüstungen auch ›der eiserne Richard‹ genannt – und zieht in Rockfleet Castle ein, das auf dem Gebiet der Burkes liegt und auf das sie schon lange ein Auge geworfen hat. Nach geltendem Recht ist es eine Ehe ›auf ein Jahr‹, nach dessen Ablauf beide Parteien die Verbindung ohne große Formalitäten wieder lösen können. So kommt es, dass Richard eines Tages bei der Heimkehr von einem Kriegszug die Tore von Rockfleet Castle verschlossen findet. Vom Festungswall herunter soll Grace ihm die für die Trennung nötigen Worte »Ich entlasse dich« zugerufen haben. Rockfleet Castle blieb natürlich in ihrem Besitz.

Die englische Krone versuchte in jener Zeit, ihren Anspruch auf Irland zu festigen, und Graces »männliche« Art stieß auf das Missfallen von Sir Richard Bingham, dem englischen Statthalter in Galway. Als er ihr das Leben immer schwerer macht, reist die unterdessen über 60-jährige Grace kurzerhand nach London zur einzigen Frau, die mächtiger ist als sie selbst: Elizabeth I., Königin von England und Irland. Wie eine Gleichgestellte soll Grace der englischen Herrscherin gegenübergetreten sein, und es heißt, sie sei der einzige Gast gewesen, dem Elizabeth je eigenhändig eine Tasse Tee anbot. Grace verlässt London mit einem Freibrief, der ihr erlaubt, ihre Tätigkeit »zu Wasser und zu Land« weiterzuführen. Grace O'Malley stirbt um 1603 auf Rockfleet Castle, in dessen Mauern noch heute ein sonderbarer Schlitz zu sehen ist, durch den angeblich das Seil lief, mit dem Grace' Lieblingsschiff an ihrem Bettpfosten vertäut war ...

»No flies on your woman«, meint Finn anerkennend in einer typisch irischen Redewendung, als ich Grace O'Malley erwähne. Wir sitzen in einem kleinen Restaurant am Hafen und warten aufs Essen. Manche der im Alltag von den Iren verwendeten englischen Formulierungen sind direkte Übersetzungen aus dem Gälischen; aber nur in gewissen Gebieten, wie zum Beispiel auf den Aran-Inseln vor der Bucht von Galway, ist Gälisch noch Umgangssprache. Zwar lernt jedes Kind in Irland vom ersten Schultag an die ursprüngliche Sprache der Insel, doch überholte Lehrmethoden und mangelnde Motivation der Schüler führen dazu, dass nach zwölf Schuljahren kaum jemand Gälisch spricht.

Den vielfältigen Versuchen des irischen Staates, den Gebrauch des Gälischen zu fördern, ist wenig Erfolg beschieden. Der vor einigen Jahren eingerichtete Fernsehkanal, auf dem von Nachrichten über Seifenopern bis zum Fußballmatch alles auf Gälisch gesendet wird, hat die Popularität der Sprache nicht maßgeblich erhöht, und selbst in der Gaeltacht – so heißen die traditionell Gälisch sprechenden Gebiete am Westrand der Insel – wird wohl mehr Sky TV geschaut. Doch Irlands Atlantikküste war schon immer weltoffen. Ich erinnere mich an meinen ersten Besuch auf Inishmaan, der mittleren der drei Aran Islands. Damals, vor knapp zwanzig Jahren, war sie nur mit dem Ruderboot oder per Flugzeug zu erreichen und bei schlechtem Wetter oft für Monate von der Außenwelt abgeschnitten. In dem kleinen Laden konnte das Lebensnotwendige gekauft werden, die Kinder gingen in die Dorfschule, bis sie ins Internat auf dem ›Festland‹ kamen, und ein rühriger Inselbewohner hatte eine kleine Fabrik für Aranpullover aufgebaut, in der jene arbeiteten, die nicht fischten. Am Abend traf man sich im einzigen Pub. Dort begann mir einer der Einheimischen von seinem letzten Besuch in der Stadt zu erzählen.
»In Galway?«, fragte ich verwundert, als er mir das Hochhaus beschrieb, in dem seine Tochter lebte.
»In Dublin?«, erkundigte ich mich weiter, während sein Nachbar sich einmischte und über ein neues Einkaufszentrum herzog, das meinem Gesprächspartner auch nicht gefiel, und während die beiden sich kundig über neue Bars in »der Stadt« unterhielten, dämmerte es mir, dass sie von Boston sprachen, wo sie alljährlich ihre Verwandten besuchten.

»Mousse au Saumon Fumé«, sagt die irische Kellnerin, als sie den Teller vor mich hinstellt, und einen Augenblick überlege ich, ob auch sie einen französischen Freund hat.

Smoked Salmon Mousse

Für 6 Personen:
125 g Räucherlachs
30 g ungesalzene Butter
150 g Sahne
Zitronensaft
Salz und frisch gemahlener Pfeffer
6 dünne Scheiben Räucherlachs

Den Räucherlachs mit der Butter im Mixer verrühren, die Sahne und etwas Zitronensaft dazugeben, mit Salz und Pfeffer würzen und mixen, bis eine cremige Konsistenz entsteht. Kleine Terrinenformen mit Frischhaltefolie auslegen und in jede 1 Scheibe Lachs legen. Die Füllung in die Formen geben und die Enden der Lachsscheiben darüber legen. Mit Frischhaltefolie bedecken und mindestens 1 Stunde in den Kühlschrank stellen. Zum Anrichten die Mousse aus den Formen nehmen und auf einem Teller mit Salat – z. B. Gurkensalat – servieren.

Das Delphi der Angler
Geschichten von irischen Seen

Es dämmert bereits, als wir durch Oughterard fahren, ein hübsches Dorf an den Ufern des Owenriff, der torfig braun dem Lough Corrib zu schäumt, dem See im Norden von Galway, der die Landschaft Connemara vom Rest der Insel trennt. Gleich hinter der Siedlung beginnt die Heide, Steinmauern und farnbesetzte Böschungen weichen sumpfigen Wiesen voller Binsen und Erika. Unmerklich fast steigt die Straße an, ab und zu noch ein Haus, in dessen Schutz zerzauste Bäume stehen, aber sie werden immer seltener, und dann sind wir von allem verlassen.
Braune Hügel ragen im Norden in den Abendhimmel und überall glitzert Wasser. Wer in Maams Cross, wo sich die Straßen aus den vier Himmelsrichtungen treffen, nach Süden fährt, gelangt nach einiger Zeit zu einem See, auf dem wilde Schwäne leben.
»Die Kinder von Lir«, sagt Finn nachdenklich, der einmal mehr meine Gedanken erraten hat.

Es war zu der Zeit, als die Tuatha de Danaan, der göttliche Stamm der Dana, noch Irland bewohnten. Da starb Lirs Frau und er heiratet Aobh, die älteste Tochter von Bodb Dearg. Sie gebar ihm vier Kinder: Fionnuala, eine Tochter, und drei Söhne. Aber auch Aobh starb, und Bodb Dearg gab Lir seine zweite Tochter, Aoife, zur Frau. Für einige Zeit war sie wie eine Mutter zu den Kindern ihrer Schwester, doch Lir hatte nur Augen für Fionnuala und ihre Brüder, und die Eifersucht packte Aoife. Sie versuchte, die Kinder mit einem Schwert zu töten, aber es gelang ihr nicht. Da schickte sie Fionnuala und ihre Brüder schwimmen. Kaum waren die Kinder im Wasser, verwandelte sie die vier in Schwäne. Fionnuala flehte um Erbarmen, doch Aoife konnte die Verwandlung nicht rückgängig machen, und als Fionnuala sie bat, diese wenigstens zu befristen, bannte sie die Verzauberten für drei mal dreihundert Jahre. Erst dann überkam die Stiefmutter die Reue und sie ließ den Schwänen ihr menschliches Wesen und ihre Stimmen, mit denen sie die Lieder der Feen singen konnten, die einmalig sind in der Welt. Als Bodb Dearg von der Tat erfuhr, verwandelte er Aoife in eine Hexe der Luft. Lir aber fand seine Kinder auf dem See, und dreihundert Jahre lang versammelten sich Leute aus allen Teilen Irlands an seinem Ufer, um ihren Gesang zu hören. Dann mussten die Kinder des Lir weiterziehen, um die nächsten dreihundert Jahre auf einem anderen See zu verbringen.

»Und wenn die neunhundert Jahre vorüber sind?«

»Dann dürfen sie nach Hause zurückkehren«, erklärt Finn.

»Aber sie werden den Ort verlassen und verwüstet finden«, fügt er nach einer Weile hinzu.

»Werden sie ihre menschliche Gestalt wiedererlangen?«

»Erst wenn die Frau aus dem Süden und der Mann aus dem Norden zusammenkommen …«

Es ist fast dunkel, und die Straße nach Norden wölbt sich über den feuchten Torf. Die Kelten glaubten, dass auch die Zeit sich in Spiralen dreht und einen stets wieder auf andere Weise an den gleichen Ort zurückführt. Wir fahren immer langsamer, schaukelnd wie auf dem Rücken eines Kamels. Endlich tauchen die Lichter von Leenane auf. Die menschlichen Behausungen kommen mir unwirklich vor. Eine Kreuzung, ein paar Pubs, eine Hafenmauer. Vor uns liegt das Meer. Wir folgen dem Ufer, bis wir an einer Gabelung in ein Tal hineinfahren. Eine Weile sehe ich noch den Fluss neben uns, dann tauchen wir in einen Wald.

So wie Theseus, Ödipus und Orest fand auch Peter Mantle sein Schicksal in den Nebeln von Delphi. Die Erinnerung an den von schroffen Abhängen umgebenen Sitz des griechischen Orakels am Fuß des Parnass, wo aus einer Erdspalte steigende Schwaden der Priesterin Pythia erlaubten, die Fragen von Halbgöttern und Helden mit legendärer Rätselhaftigkeit und unerbittlicher Unfehlbarkeit zu beantworten, veranlasste den Marquess von Sligo, seinem Landhaus am Fuß der Sheffry-Hügel den gleichen Namen zu geben.

»Und tatsächlich«, meint Peter Mantle, »wenn der Himmel klar ist und die Hänge vom Herbst rotbraun gefärbt, könnte man glauben, in Griechenland zu sein.«

Das anmutige Haus, das zu beiden Seiten von Wald umrahmt ist, wurde in den 1830er Jahren als Unterkunft für Jagd- und vor allem Angelpartien erbaut und bis 1958 auch ausschließlich dafür verwendet. In den 60er Jahren diente es als Hotel, doch ab 1972 stand das Anwesen leer.

Mehr oder weniger zufällig, erinnert sich Peter Mantle, hätten sie hier angehalten. Der britische Journalist arbeitete zu jener Zeit in den USA und war ferienhalber – zum Angeln eben – nach Irland gekommen. Delphi stand zum Verkauf: »Eine göttliche Vorsehung ...«

Wir sitzen in der Bibliothek. Eine Gruppe von Gästen in Gummistiefeln marschiert vorbei, und Peter erkundigt sich nach den Fängen des Tages. Er hat nicht geahnt, dass er je in dem Haus leben würde, als er es kaufte. Doch dann wurde klar, dass er Angestellte brauchte, um die Fischerei zu unterhalten, Geld, um die Angestellten zu bezahlen, und die Leute, die bereit waren, gegen Bezahlung hier zu angeln, brauchten eine Unterkunft. Er baute ein paar Cottages aus, die noch immer als Ferienhäuser zu mieten sind.

»Im dritten Jahr dachten wir: Was zum Teufel, warum renovieren wir nicht auch das Haus, nachdem wir schon so viel Geld reingesteckt haben?« 1988 begannen die Arbeiten und sechs Monate später wurde Delphi Lodge eröffnet.

Doch kaum war das Haus fertig, machten sich die Lachsforellen rar, für die Delphi berühmt war. Die von den Fischfarmen der Gegend angewandten Methoden verursachten eine explosionsartige Verbreitung von Seeläusen, die sich über die wilden Forellen hermachten. Um für Angler attraktiv zu bleiben, mussten die fehlenden Forellen durch andere Fische ersetzt werden. Peter lieh sich 100 000 Pfund bei der Bank und baute eine Lachszucht.

»Es übertraf all unsere Träume – und die Erwartungen der Fischereibehörden«, grinst er. Doch die glücklichen Angler allein brachten nicht genug Umsatz, und Peter begann, auch Nichtangler aufzunehmen. ›Wir sind kein Hotel‹, erklärt die Broschüre den Gästen, ›sondern ein Privathaus, in dem man zu Gast sein kann.‹ Keine Kofferträger, keine Minibar und kein Fernseher in den großzügigen, mit schlichten Tannenmöbeln eingerichteten Zimmern. Dafür bringt Tracy Tee und hausgemachte Kekse bei der Ankunft, und am Abend trifft man sich in der mit Angelbüchern reich bestückten Bibliothek, bevor man gemeinsam zu Abend isst. Nicht alle Gäste sind begeistert über die Aussicht, mit Unbekannten am gleichen Tisch zu sitzen, und die abgewetzte Stelle im Teppich unter Peters Stuhl erzählt ihre eigene Geschichte, aber zum Schluss siegt stets die irische Herzlichkeit. Ab und zu fällt ein bekannter Name, wenn Peter von seinen Gästen spricht – auch Prinz Charles war schon hier.

Der delphische Charme macht vor keiner Tür halt und findet sich auch in der Küche, wo Cliodhna die Gäste bekocht. Vor ein paar Jahren hat sie in Cork noch Psychologie studiert, doch dann hat ihre Herkunft sie eingeholt: Cliodhna ist in einem der schönsten Hotels dieser Insel aufgewachsen, Zetland House im Süden von Connemara, das von ihren Eltern, Mona und Peter Prendergast, geführt wird. Von ihrem Speisesaal aus geht der Blick auf die Bucht von Cashel, und wem der Wettergott gnädig ist, der kann hier beim Abendessen die Sonne allmählich im Meer versinken sehen. Nun arbeitet Cliodhna keine 30 Kilometer entfernt in Delphi. Mit maximal 26 Gedecken ist der Betrieb überschaubar, und es wandert auch mal ein Gast in die Küche und schaut in die Töpfe, wobei die Fischer ihre Beute nicht unbedingt auf dem Teller wiedersehen wollen. Die beiden folgenden Rezepte stammen von Cliodhna:

Brennnesselsuppe

Diese Suppe wird am besten im Frühling gekocht, wenn die Brennnesseln jung und zart sind. Es heißt, wer zweimal jährlich Brennnesselsuppe isst, wird niemals krank. Gummihandschuhe nicht vergessen beim Pflücken!

200 g junge Brennnesselblätter
200 g Zwiebeln
2 Knoblauchzehen
50 g Sellerie
100 g Lauch
50 g Fenchel
40 g Butter
Salz und Pfeffer
1 l Hühnerbrühe
100 g Sahne

Brennnesselblätter waschen und klein schneiden. Zwiebeln, Knoblauch, Sellerie, Lauch und Fenchel schälen oder putzen und klein schneiden.
Butter in einer Pfanne erhitzen und wenn sie zu schäumen beginnt, Knoblauch und Zwiebeln dazugeben, mit Salz und Pfeffer würzen. 3 bis 4 Minuten auf kleiner Hitze dünsten, dann das andere Gemüse hinzufügen. 8 bis 10 Minuten weiterdünsten, bis das Gemüse weich ist. Die Hühnerbrühe hinzufügen und aufkochen, Brennnesseln hineingeben und 2 bis 3 Minuten ziehen lassen (nicht länger, sonst verliert sich die kräftige grüne Farbe). Sahne dazugeben und die Suppe im Mixer pürieren, wenn nötig nachwürzen. Heiß servieren.

Ravioli mit Wood-Pigeon-Füllung

Für 6 Personen:
Für den Teig:
180 g Mehl
$^1/_2$ TL Salz
2 Eier

Mehl und Salz in einer Schüssel mischen und in die Mitte eine Mulde drücken. Eier hineingeben und mit dem Mehl vermischen – entweder von Hand oder in der Küchenmaschine – und zum Schluss alles von Hand zu einem Teig kneten. 1 Stunde ruhen lassen. Teig in zwei Portionen teilen und mit der Nudelmaschine oder von Hand in etwa 10 cm breite Streifen ausrollen, auf dem Tisch auslegen und mit einem feuchten Tuch bedecken.

Für die Sauce:
100 ml Hühnerbrühe
100 g Sahne
75 g geriebener Parmesan

Hühnerbrühe in der Pfanne auf die Hälfte einkochen. Sahne dazugeben und weiter einkochen, bis die Sauce dick genug ist, um an einem Löffelrücken haften zu bleiben. Den Parmesan darunter mischen und würzen.

Für die Füllung:
2 Taubenbrüste (anstatt Tauben können auch Wachteln oder andere Wildvögel verwendet werden)
Olivenöl
Salz und Pfeffer
1–2 EL Butter
150 g Zwiebeln

Das Delphi der Angler
Ravioli mit Wood-Pigeon-Füllung

3 Knoblauchzehen
100 g Pilze (Waldpilze schmecken am besten, aber es können auch Champignons verwendet werden)

Taubenbrüste mit Olivenöl bestreichen und mit Salz und Pfeffer würzen. Butter erhitzen und die Taubenbrüste darin anbraten, bis sie außen braun, aber innen noch rosa sind. Herausnehmen.
Zwiebeln und Knoblauch schälen, nicht zu fein schneiden und auf kleiner Hitze in der Butter 3 bis 4 Minuten anbraten, mit Salz und Pfeffer würzen. Pilze putzen, klein schneiden, dazugeben, kurz braten und alles zusammen im Mixer grob pürieren.
Taubenbrüste in kleine Stücke schneiden und ebenfalls kurz im Mixer nicht zu fein zerkleinern. Beides miteinander vermischen und die überschüssige Flüssigkeit abgießen.
Die Taubenfüllung in Portionen von der Größe eines Golfballs in Abständen von etwa 7 cm auf einen Teigstreifen verteilen. Den Teig zwischen den Portionen mit Wasser bestreichen, ohne dass der Teig zu feucht wird. Sorgfältig einen zweiten Teigstreifen darüber legen und um die Füllung herum festdrücken. Die Ravioli mit einem Ring ausstechen und sicherstellen, dass der Teig überall gut schließt.
Die Ravioli in heißem Wasser mit etwas Olivenöl und Salz je nach Dicke des Teigs 3 bis 6 Minuten kochen. Abtropfen lassen, die Sauce über die Ravioli geben, nach Belieben mit Parmesan bestreuen und heiß servieren.

Nach dem gemeinsamen Abendessen wird im Wohnzimmer der Kaffee serviert. Dann gesellt sich Ella zu den Gästen und lässt sich mit übergeschlagenen Pfoten vor dem knisternden Feuer nieder. Auch Hunde sind in Delphi willkommen. Der Fisch allerdings ist immer präsent, so wie der im Juli 1987 gefangene 7-pfündige Lachs, der in unserem Zimmer hängt. Sein leimig schimmernder Körper scheint künstlicher als die künstlichen Grasbüschel ringsum, und er blickt herablassend mit leicht geöffnetem Mund in die Ewigkeit, wohl von der Gewissheit erfüllt, der Pfanne auf alle Zeiten entkommen zu sein.

Als ich in dieser Nacht erwache, fällt das Licht des Mondes durchs Fenster auf den weißen Schopf auf dem Kissen neben mir.

Am nächsten Morgen zeigt Peter uns seine Fischzucht, eine Sammlung von Wannen und Tanks. In ›Schutzhaft‹ werden die Lachsbabys hier aufgezogen, bis sie – nach etwas mehr als einem Jahr – die Wanderlust packt. Dann sind die Fische schon mit einem winzigen, binär kodierten Draht in der Nase versehen, und zur äußeren Kennzeichnung wurde ihnen ein – wie Peter betont: entbehrliches – Flossenstück abgeschnitten. So markiert werden sie in den Doolough, den See vor der Lodge, entlassen und beginnen ihre Reise nach Norden. Jeder Seehund, Eisbär und Eskimo zwischen der Arktis und hier versucht sie zu fangen, und doch kehren einige zurück, ein, zwei Jahre später, um im gleichen Wasser zu laichen, in dem sie selbst zum ersten Mal ihre Flossen geschwenkt haben. Fünfundzwanzig Prozent schaffen es bis zur irischen Küste, wovon neunzig Prozent in Netzen enden. Rund fünf Prozent schwimmen den Fluss hinauf, und davon werden fünfzehn Prozent in Delphi gefangen. 300 von den 50 000 freigelassenen Lachsen. 100 000 Pfund für 300 Fische, rechnet Peter: »Klingt nicht sehr rentabel. Aber es ist der einzige Weg, um hier zu angeln.«

Er selbst holt die Angelrute allerdings nicht mehr oft aus dem Schrank. Die Beratung seiner Gäste scheint ein besserer Weg, seine Begeisterung umzusetzen – und dann würde er eben auch lieber Forellen fangen als Lachse, »sie sind interessanter, rätselhafter, klüger, akrobatischer«, schwärmt er. Für ihn heißt Angeln, in der sommerlichen Abenddämmerung auf dem See mit kunstvollen Schwüngen die Aufmerksamkeit der Forellen auf die künstliche Fliege an seiner Leine zu ziehen. »In einem spätwinterlichen Hagelsturm im Kies eines Flussufers zu stehen und auf unzuverlässige Lachse zu warten« – das ist nicht seine Sache.

Und die Zukunft?
Peter grinst: »Wir sind die klassischen NIMBYs – *not in my back yard* – nicht in meinem Hinterhof. Wir sind grundsätzlich gegen alles, was sich verändert, alles, was den Fisch beeinträchtigen könnte. Denn dieser Ort ist einmalig.« Diese Meinung scheinen auch die Lachse zu teilen, die Tausende von Kilometern schwimmen, um nach Delphi zurückzukehren. Aber schon zu Herakles' Zeiten hieß es ja, Delphi sei der Nabel der Welt.

Weitere Informationen zu Delphi Lodge unter:
www.delphilodge.ie

Die Landschaft im Kopf
Die Felder von Mayo

Bei strahlendem Sonnenschein fahren wir über Torffelder weiter nach Norden. Ab und zu kommen wir an einer jener typischen, allein stehenden Schulen vorbei, in denen einst die Kinder aus der Umgebung unterrichtet wurden. Viele der Gebäude sind verlassen, immer mehr Iren leben in Städten und immer weniger in großen Familien.
»Wie es hier wohl früher ausgesehen hat?«, überlege ich.
»Das kann ich dir zeigen«, meint Finn. Die Spiralen der Zeit fallen mir ein, die Andere Welt ...
»Wo?«, frage ich vorsichtig.
»In Mayo«, antwortet er sachlich.
»Ein paar Häuser, ein paar Felder«, Seamus Caulfield deutet auf den Hang jenseits der Bucht. Ich betrachte die weißen, zwischen Steinmauern und Weiden zerstreuten Gebäude. Er kennt die Bewohner der Häuser, ihre Eltern und Großeltern, erinnert sich an jene, die in den Häusern lebten, die heute verlassen sind. Seamus' Vater war Dorfschullehrer in Belderg. Während des Sommers stach er Torf auf den umliegenden Feldern, um im Winter damit zu heizen. Dabei stieß er auf Ansammlungen von Steinen unter dem Moor – Mauern. Seamus' Vater zog den Schluss, der auf der Hand lag: Wer auch immer die Mauern gebaut hat, muss dies vor der Bildung des Moores getan haben, und da die Moore prähistorisch sind, müssen die Wälle älter sein. 1934 beschrieb er seine Beobachtung in einem Brief ans irische Nationalmuseum. 65 Jahre später ist sein Sohn – inzwischen Professor für Archäologie am University College Dublin – dabei, das bedeutendste steinzeitliche Feldersystem Europas auszugraben.

Die Céide Fields, die ›Felder auf dem flachen Hügel‹, liegen in der Grafschaft Mayo an der Westküste Irlands oberhalb eines dramatischen, gischtgesäumten Kliffs. Über 2000 Leute sollen vor 5500 Jahren hier gelebt haben, mehr als heute, und nicht zuletzt diese Umkehr der gewohnten Entwicklung macht den Ort zu etwas Besonderem. Wo heute Schafe auf sumpfigen Wiesen weiden, einige Familien von Tourismus und staatlicher Unterstützung leben, wohnte in der Steinzeit eine hoch entwickelte, gut organisierte Gesellschaft. Denn nur gemeinsame Beschlüsse einer größeren Gruppe und die entsprechende Arbeitsteilung konnten ermöglichen, das kilometerlange Netz von Feldern anzulegen, auf dem 3500 v. Chr. die domestizierten Nachkommen der Auerochsen weideten. Da dieses Ur-Rind in Irland nicht wild vorkam, muss jemand es herübergebracht haben, eine Gruppe von Bauern aus Britannien, vermutet Caulfield, die sich vielleicht mit ansässigen mesolithischen Sammlern und Fischern zusammenschlossen. Es muss eine friedliche Zeit gewesen sein. Die ausgegrabenen Häuser sind unbefestigt, und die wenigen gefundenen Waffen taugen höchstens zur Jagd. In dem etwas milderen Klima – durchschnittlich rund zwei Grad wärmer als heute – wuchs das Gras rund ums Jahr. Heumachen erübrigte sich, und unter dem Moor gefundene Pflugspuren, die wie eine überdimensionierte Linzer Torte aussehen, deuten darauf hin, dass zudem Ackerbau betrieben wurde.

Und dann kam der Regen. Der Boden wurde feucht, die Temperaturen sanken, die Felder versumpften, das Moor begann zu wachsen. In der stets nassen, sauerstoffarmen Erde wurden welkende Pflanzen nicht mehr abgebaut, und sie türmten sich aufeinander zu einer heute rund zwei Meter tiefen, braunen Moorschicht, die zu 90 Prozent aus Wasser besteht. Der Boden wippt spürbar unter unseren Füßen, als wir mit Greta Byrne, der archäologischen Leiterin des postmodernen Besucherzentrums, den flachen Hügel hinaufsteigen. Ein großer Teil der steinzeitlichen Mau-

Die Landschaft im Kopf

ern liegt noch unterm Moor. Doch dank der Beschaffenheit des Bodens lassen sie sich problemlos mit Stahlsonden lokalisieren. Wie durch Butter gleiten die drei Meter langen Ruten durch den Grund, bis sie auf Stein stoßen, und ihre in unterschiedlicher Höhe aus der Erde ragenden Spitzen geben exakt den Verlauf der Wälle unter dem Moor wieder.

Einige Kilometer vom Besucherzentrum entfernt baut Seamus Caulfield derzeit ein Forschungsinstitut. Zusammen mit einem Biologen, der sich für die naturwissenschaftlichen Dimensionen interessiert – die eigenartigen Steinformationen in der Bucht unten oder die Flora der Gegend –, will er hier Studenten und Interessierte für seine Forschungsmethoden begeistern. Gleichzeitig wird das Gebäude der lokalen Bevölkerung als Gemeindezentrum dienen. Auch sie gehört zu Caulfields Landschaft.

»Denn Landschaft«, meint er, »ist etwas im Kopf.«

Ich betrachte die Umgebung mit neuen Augen, als wir an der Küste entlang weiterfahren. Finn summt neben mir, und ich glaube, die Wärme der Sonne auch in meinem Magen zu spüren. Ein paar wissend blickende Schafe am Straßenrand wenden sich ab und halten uns ihre wolligen Hinterteile hin. Etwas weiter oben an den Hängen sind die Spuren von *lazybeds* zu sehen, jene Wellen in Grund, die von über Jahrzehnte hinweg aufgehäuften Kartoffelbeeten geblieben sind. Wie Narben erinnern sie an die Wunden, die Irland in seiner wohl schlimmsten Epoche in historischer Zeit erlitten hat: der großen Hungersnot. Die Fakten und Zahlen der Katastrophe, die die einseitig vom Kartoffelanbau abhängige Bevölkerung erlebte, als die Kartoffelfäule ihre Ernten zwischen 1845 und 1850 vernichtete, sind in den Geschichtsbüchern nachzulesen. Zwei Millionen, fast ein Viertel der Einwohner, starben oder emigrierten, und noch heute leben weniger Leute in Irland als vor der Hungersnot.

Es dauerte 150 Jahre, bis Irland als Nation in der Lage war, sich jener Ereignisse zu erinnern, denn auch im Falle der irischen Hungersnot waren es nicht unbedingt die Besten, die überlebten, und das Gefühl der Mitschuld ließ die Nachkommen schweigen. 1994 eröffnete die damalige irische Präsidentin Mary Robinson das Famine Museum in der Grafschaft Roscommon, das erste seiner Art. Die moderne Ausstellung ist in den umgebauten Ställen von Strokestown Park untergebracht, einem Herrenhaus aus dem 18. Jahrhundert. Das gut erhaltene Archiv des Hauses bildet nun einen zentralen Bestandteil des Museums. In dem Herrschaftssitz lässt sich aus erster Hand der Lebensstil der Gesellschaftsschicht studieren, die Irland zu jener Zeit beherrschte und maßgeblich für das Ausmaß der Katastrophe verantwortlich war. Besonders eindrücklich ist die Galerie in der Küche, auf der die Hausherrin allwöchentlich erschien, um den Speisezettel zu ihren Angestellten hinunterzuwerfen, ohne auch nur den gleichen Boden mit ihnen teilen zu müssen. Major Denis Mahon, der Herr von Strokestown in den 1840er Jahren, wurde, nachdem er zwei Drittel seiner hungernden Pächter von seinem Land vertrieben oder in sogenannten Sargschiffen nach Amerika verfrachtet hatte, ermordet.

Etwas makaber, wenn auch aus praktischer Sicht verständlich, mutet das Restaurant an, das sich neben dem Hunger-Museum befindet und auf dessen Speisezettel natürlich auch die Kartoffel zu finden ist.

Mehr als Brot gehört die Kartoffel zu den Grundnahrungsmitteln der Iren und ist in irgendeiner Form Teil jeder ›irischen‹ Mahlzeit. Die erste Anpflanzung der von den Spaniern aus dem neu entdeckten Amerika mitgebrachten Speisekartoffel soll es im irischen Youghal unter Sir Walter Raleigh (1552–1618), einem Günstling von Elizabeth I., gegeben haben. So wie Frankreich verschiedene Rebenarten, hat Irland je nach Region verschiedene Kartoffelarten. Um Dublin herum wachsen die British Queens, die frühesten Kartoffeln im Jahr, die im Juni auf den Markt kommen und am besten gedämpft und mit der Schale gegessen werden. Danach kommen die King Edward Heights, Kerry Pinks

und viele andere bis zu den Roosters, die den Winter hindurch bis zum Beginn der neuen Saison halten.
Ursprünglich wurden die Kartoffeln einfach gekocht und zusammen mit dem gegessen, was sonst noch verfügbar war. Oft war dies nur Buttermilch, und es gibt Geschichten, man habe in kargen Zeiten einen eingesalzenen Fisch über den Tisch gehängt, an dem jeder seine Kartoffel reiben konnte, um ihr etwas Geschmack zu geben. Daneben gibt es in der irischen Küche eine Vielfalt von Kartoffelgerichten für etwas bessere Zeiten, wie das folgende.

Boxty

Dies ist eine Art Kartoffelbrot, und ein alter Reim verheißt den Mädchen, die sich nicht auf seine Zubereitung verstehen, Übles:
Boxty on the griddle, boxty in the pan
If you can't make boxty, you'll never get a man.

300 g gekochte Kartoffeln
300 g rohe Kartoffeln
300 g Mehl
1 TL Backpulver
1 TL Salz
ca. 250 ml Milch oder Buttermilch
Salz
Butter zum Braten

Die gekochten Kartoffeln noch heiß schälen und zerstampfen. Die rohen Kartoffeln schälen und dazureiben. Mehl und Backpulver hinzufügen und nach Geschmack salzen. Mit so viel Milch wie nötig zu einem Teig kneten. Die Masse auf einem mit Mehl bestreuten Brett je nach Verwendung zu kleineren oder größeren Fladen formen und in einer Pfanne auf beiden Seiten braten.
Mit Butter, gebratenem Speck oder Honig servieren.

Ardnamona
In den Mooren von Donegal

Wir fahren auf einem schmalen Sträßchen zwischen struppigen Hecken. In der Ferne liegen die Rücken der Blue Stack Mountains.
»Inseln, Hügel, Seen, Waldlichtungen«, Finn zählt die Orte auf, an denen die Andere Welt sich befindet.
Die Hecken verschwinden und wir folgen einer flechtenbewachsenen Mauer, hinter der ein urtümlich verwilderter Wald liegt. So muss es auf dieser Insel ausgesehen haben, als Finn noch mit der Fianna auf Jagd ging.
»Im Grunde ist die Andere Welt überall«, erklärt er, »man muss nur einen Eingang finden.«
Der Wagen holpert über Kieskämme und durch Erdlöcher.
»Einen Eingang?«, frage ich, ohne den Blick von der Straße zu nehmen. Würde ich ihn nicht kennen, wäre ich sicher, dass wir hier falsch sind. Vorsichtig manövriere ich an der Mauer entlang, bis sie in einem buckligen Pfeiler endet: ›Ardnamona‹ steht da kaum sichtbar in einen Stein gemeißelt.
»Die Anhöhe des Moores«, übersetzt Finn. Auf einem Schotterweg fahren wir einen von Dickicht überwucherten Hang hinab. Ein weiteres Pfeilerpaar, noch ein Tor, und wir gleiten in den Wald hinein: Ein Geflecht von Ästen verdunkelt den Himmel, mächtige Farne neigen uns ihre Blätter zu, die Böschung ist von Moos bedeckt. Ich glaube etwas Weißes in den Zweigen über mir zu sehen, doch bevor ich richtig hinschauen kann, macht der Weg einen Bogen und ich erblicke einen Bambushain. Meterhohe, grüne Rohre, die in fedrigen Büscheln enden, daneben die regenschirmgroßen Blätter einer Gunnera und da in den Zweigen riesige, gelbe Blüten: Rhododendren – natürlich, der torfige

Boden ist wie geschaffen dafür. Mein Blick folgt den Stämmen durch die ledrigen, zungenförmigen Blätter in die Höhe: Rhododendren von dieser Größe?
»*Rhododendron arboreum*«, erklärt Finn.
Das sind nicht die kümmerlichen Büsche, die in Vorstadtgärten widerstrebend dahinvegetieren, das sind Bäume, die weit in die Eichen hineinragen.
»Und sie blühen nicht nur im Frühling«, meint Finn.
»*Rhododendron barbatum*«, eine Woge scharlachroter Blumen überfällt uns von rechts.
»*Rhododendron falconeri*«, zarte, zimtgelbe Blüten, so groß wie Fußbälle. Stumm vor Staunen fahre ich durch den verzauberten Wald. Kleine Bäche münden in die Gräben neben dem Weg, und irgendwann taucht der Giebel eines Daches auf. Der Pfad krümmt sich noch einmal und wir stehen vor einem rotgestrichenen Haus. Finn steigt aus und streckt sich, als wäre er hier zu Hause. Einen Augenblick überlege ich, ob ich die Wirklichkeit vergessen werde, wenn ich den Boden dieser Welt betrete, doch dann folge ich ihm. Vom Haus führt ein mit Büschen und Bäumen besetzter Hang zu einem spiegelnden See hinunter, der von Schilf und Baumgruppen umrahmt und auf allen Seiten von sanften Hügeln umgeben ist.
»Willkommen«, sagt eine Stimme hinter uns, und als ich mich umdrehe, blicke ich in Amabels lächelndes Gesicht.

Amabel mochte den Ort nicht, als sie vor etwas mehr als zehn Jahren zum ersten Mal hierher kam: ein zerfallenes Haus in einer Wildnis. Es regnete und die Baumstämme verloren sich im Nebel. Sie hatte als Dolmetscherin für das Bolschoi-Ballett gearbeitet, bevor sie mit Kieran nach Donegal zog. Kieran war in dieser Gegend aufgewachsen, er ist Klavierstimmer von Beruf und hat in den Konzertsälen der britischen Inseln gearbeitet, auch mit Elton John, Paul McCartney. Schon eine Weile waren sie auf der Suche nach einem eigenen Haus.

»Eines Tages standen wir unten am See«, erinnert sich Amabel, »und blickten zum Haus hinauf. Die Sonne schien, zum ersten Mal seit Tagen, und ich wußte plötzlich: Das ist es.«
Amabel und Kieran kauften Ardnamona mit 92 Morgen Land. Das Haus selbst war nur noch eine Hülle.
»Es ist erstaunlich, was man nach und nach alles erfährt«, meint Kieran, als wir am Abend in dem behaglichen Wohnzimmer sitzen. Im Sandsteinkamin brennen dicke Scheite. Nachbarn erzählten, was sie von Ardnamona wussten, Kieran fand Beschreibungen in Büchern und Briefen, Fotos, und immer wieder kamen Leute zurück, die einmal hier gelebt oder gearbeitet hatten, als könnten sie den Ort nicht vergessen. Kieran setzte die Bruchstücke zusammen: Ardnamona wurde in den 1830er Jahren von der Familie Wray gebaut. Die Wrays besaßen verschiedene Schlösser in der Gegend, Herrenhäuser, und sie hatten ein Gespür für besondere Orte, gute Lagen. Sie pflanzten das ›Pinetum‹, die Sammlung von Nadelhölzern, die sich westlich des Hauses zum See hinunterzieht, mit orientalischen Fichten, einer Libanonzeder, Redwoods und der Araukarie, deren harte, schuppenförmige Nadeln sich wie ein dunkelgrüner Pelz um die Äste schließen, ›Monkey Puzzle‹ auf Englisch, weil der Affe sich wohl vergeblich überlegt, wie er an diesen Baum hochklettern könnte. Wie viele Großgrundbesitzer jener Zeit verloren die Wrays ihr Vermögen teils am Spieltisch, teils in der Hungersnot, und ihr Gutsverwalter machte sich einen Namen als erbarmungsloser Schuldeneintreiber. Nach einer besonders dramatischen Beschlagnahmung wurde Ardnamona in einer Explosion schwer beschädigt. Es war das erste Mal, dass sich vertriebene Pächter mit einem Sprengsatz rächten, und Dublin Castle schickte Truppen nach Donegal.
Um 1880 erwarben Sir Arthur und Lady Wallace das Anwesen von den mit ihnen verwandten Wrays. Arthur Wallace war Beamter der britischen Verwaltung. Er wohnte mit

seiner Familie in einem bescheidenen Reihenhaus in einer Dubliner Vorstadt, und Ardnamona wurde sein Sommersitz. Er baute den Sun Room an – einen Wintergarten – mit Blick auf den See und erweiterte die Ställe hinterm Haus. Zudem hatte er ausgezeichnete Verbindungen zum Botanischen Garten in Dublin, der Kew Gardens angeschlossen war und von den botanischen Entdeckungen profitierte, die aus den fernen Ecken des britischen Imperiums nach London kamen. Arthur Wallace pflanzte Rhododendren vom Himalaya und andere asiatische Gewächse. Manche verbreiteten sich wie Unkraut, der kleinwüchsige Bambus *Sasa palmata* etwa, der japanische Knöterich und die südafrikanischen Montbretien. Die Kinder von Wallace füllten das Haus mit Gesellschaften; Partys, Picknicks, Ausflüge auf dem See wurden veranstaltet. Sophie, seine Tochter, sammelte die Fotos in einem Album, in dem Ardnamona immer wieder im Hintergrund erscheint.

Vor einigen Jahren tauchte ein Nachkomme der Wallaces auf, ein Londoner Makler, das Auto voll Whiskeyflaschen, der sich das Haus seines Großvaters ansehen wollte. Mit englischer Arroganz ließ er sich für eine Woche in Ardnamona nieder, und auch er erzählte. Kieran zeigte ihm das Fotoalbum, in dem sein Großvater als kleiner Junge abgebildet war, der nicht – wie der Enkel meinte – ein Bruder, sondern der uneheliche Sohn von Sophie war.

Die letzte Besitzerin, die sich um den Garten kümmerte, war Hazel West. In ihrer Zeit wurden die Metasequoien gepflanzt, jene bis zu 50 Meter hohen Urweltbäume, die im Winter ihre Nadeln verlieren und die als ausgestorben galten, bis man sie 1941 in China wieder entdeckte. Mrs. West hatte zuvor mit ihrer Geliebten in einem Hausboot auf dem Lough Erne gelebt. Sie war eine mannhafte Dame, überzeugte Anhängerin des Protestantismus nordirischer Prägung, und heiratete erst spät den gleichnamigen Mr. West. 1932 kauften sie Ardnamona, und Hazel verstand es, sich Eindringlinge und unerwünschte Nachbarn mit klaren Wor-

Ardnamona
Ingwer-Käse-Kuchen

ten und notfalls der Flinte vom Leib zu halten, während ihr kriegsgeschädigter Ehemann die zarten Aquarelle malte, die heute neben dem Sandsteinkamin hängen.

Der Garten blieb nach Hazel Wests Tod sich selbst überlassen. Bäume und Sträucher wuchsen und die Natur erschuf ihren eigenen Traum. Anstatt ihn zu zähmen, beschränkten Kieran und Amabel sich darauf, ihn zugänglich zu machen, mit verschlungenen Pfaden, Lichtungen. Sie säuberten die Wassergräben vom Laub der Jahrzehnte, errichteten ein paar Zäune, um die Schafe draußen zu halten, rissen andere nieder, um Durchgänge zu schaffen. An manchen Stellen wurde das Dickicht der Aussicht zuliebe etwas zurückgeschnitten, ein paar Steine aufgetürmt, auf denen man sitzen kann.

Amabel und Kieran hatten nicht geplant, ein Bed & Breakfast zu eröffnen, doch Ardnamona bot sich dazu an. Im immer hektischeren Irland, sinniert Kieran, werden Orte wie dieser zu einem notwendigen Gegenpol. Ardnamona hat schon immer die Entwicklungen Irlands und mehr noch das Schicksal des britischen Imperiums widergespiegelt, in den Händen von Großgrundbesitzern und kolonialen Beamten, als Schauplatz burlesker Zwischenspiele und als Zufluchtsort für jene, die von der Geschichte gezeichnet und vergessen wurden.

Aus dem Menu, das Amabel uns am Abend serviert, habe ich den Nachtisch ausgewählt:

Ingwer-Käse-Kuchen mit ganzen Mandarinen

Für 8–10 Personen:
400 g Hüttenkäse
400 g Frischkäse (Doppelrahmstufe)
3–4 EL Zucker
2 TL Stärkemehl, in 2 TL Milch aufgelöst

Ardnamona
Ingwer-Käse-Kuchen

ca. 5 cm frische Ingwerwurzel, geschält und gerieben
2 TL Naturjoghurt
3 Eiweiß
250 g Ingwerkekse
80 g geschmolzene Butter

Hüttenkäse, Frischkäse, Zucker, Stärkemehl, Ingwer und Joghurt verrühren. Eiweiß steif schlagen und darunter ziehen. Ingwerkekse zerkrümeln und mit der geschmolzenen Butter zu einem Teig vermischen. Den Boden einer Springform mit dem Teig auslegen und die Käsemischung darüber gießen. Bei 120 °C etwa 40 Minuten im vorgeheizten Ofen backen, bis der Käse fest ist.

Für die Mandarinen:
8–10 ganze unbehandelte Mandarinen
150 g Zucker

Mandarinen gründlich waschen und ungeschält im Ganzen in einen Topf legen, den Zucker dazugeben und alles mit Wasser bedecken. Bei kleiner Hitze kochen, bis die Früchte weich sind. Gekochte Mandarinen in zwei Hälften schneiden und zum Käsekuchen servieren.

Am nächsten Morgen gehen Finn und ich an pflaumenblauen Rhododendronstämmen vorbei durch den Versunkenen Garten. Ein Gatter führt auf eine mit Riedgras bedeckte Weide. Die Lebensgeschichten der Bewohner des Hauses haben sich während der Nacht zu einem Teppich verwoben.
»Die Natur ist immer stärker«, sagt Finn, als wir nebeneinander am Ufer des moorbraunen Sees stehen. Im reglosen Wasser liegt ein vollkommenes Abbild von Hügel und Himmel. Für einen Augenblick weiß ich nicht, was echt, was gespiegelt ist, und mir schwindelt. Finn streicht sich durchs Haar.

»Du hast schon als Kind so helle Haare gehabt?«, frage ich, um dem Schwindel zu entkommen.
»Ich war blond«, entgegnet er.
»Blond?« Sein Haar ist weiß wie Schnee. »Dann bist du …« Das Wort ›ergraut‹ scheint nicht zu passen.
»Aus eigener Schuld«, grinst Finn verlegen.
Er hatte sich auf der Jagd von der Fianna entfernt, um mit seinen Hunden einem grauen Reh zu folgen, doch plötzlich war es verschwunden. Finn suchte im Osten, seine Hunde im Westen. Da kam Finn an einen See, an dessen Ufer eine junge Frau saß. Ihr Haar hatte die Farbe von Gold, ihre Haut war weiß wie Kalk, ihre Augen leuchteten wie die Sterne zur Zeit des Frosts … Aber sie schien traurig und erklärte, sie habe im See einen goldenen Ring verloren. Sofort zog Finn seine Kleider aus und sprang ins Wasser. Dreimal suchte er den ganzen See ab, bis er den Ring fand. Am Ufer zurück, reichte er ihn der schönen Frau, doch kaum hatte sie ihn in der Hand, da sprang sie selbst ins Wasser und verschwand. Mit letzter Kraft gelang es Finn, sich an Land zu ziehen, denn er war ein alter, weißhaariger Mann geworden, schwach und gebrechlich. Nicht einmal seine Hunde kannten ihn mehr.
Die Fianna fand den alten Mann am Ufer des Sees, aber er schämte sich, ihnen die Wahrheit zu sagen, bis sie ihn bedrohten. Da stießen sie drei traurige Rufe aus und von da an hieß der See: Lough Doghra, See der Trauer.
Sie fragten Finn, ob es keine Heilung gäbe, und er sagte, die Frau müsse die eifersüchtige Schwester von Aíne gewesen sein, seiner Geliebten. Da trug die Fianna ihren greisen Anführer auf ihren Schildern zum Hügel der Feen. Dort begannen sie zu graben, bis der Vater der beiden Töchter mit einem rotgoldenen Becher erschien. Kaum hatte Finn daraus getrunken, erhielt er seine ursprüngliche Gestalt zurück.
»Nur mein Haar blieb weiß«, erklärt er, »denn Aíne hatte geschworen, nie einen Mann mit weißen Haaren zu lieben.«
Und so behielt er auch die Weisheit des alten Mannes.

Ein leichter Wind kräuselt das Wasser vor unseren Füßen. Das Spiegelbild der Hügel im See ist verschwunden, und mit einem Mal weiß ich, dass auch Finn wieder verschwinden wird.

Weitere Informationen zu Ardnamona unter:
www.ardnamona.com

Schiffe und Kliffe
Nordirische Ansichten

Während wir das Sträßchen zurückfahren, ziehen sich dunkle Wolken über uns zusammen und der Westwind zerrt an den Bäumen.
»Nach Osten«, sagt Finn, als ich an der Hauptstraße zögere. Die Stürme an dieser Küste sind berühmt.

Mit 130 Schiffen stach die spanische Armada im Mai 1588 in See, um England zu erobern. Doch Elizabeth I. war vorbereitet und empfing die schwerfällige Flotte mit kleinen, wendigen Schiffen. Einige Scharmützel folgten, aber die englischen Verteidiger entzogen sich immer wieder, bis der Herzog von Medina Sidonia, der den Oberbefehl der Armada nur widerstrebend übernommen hatte, seine Flotte vor der französischen Küste vor Anker gehen ließ. In dieser Nacht schickten die Engländer brennende Boote; Panik ergriff die Spanier, Taue wurden gekappt, Schiffe sanken, andere liefen auf Grund. Endlich drehte der Wind, und der Rest der Armada entkam in die Nordsee. Die Eroberung Englands war misslungen, die Spanier beschlossen heimzukehren.
Die Anweisungen von Medina Sidonia für die Rückkehr waren klar: Irland war unter allen Umständen zu meiden, denn er versprach sich nichts Gutes von den englisch beherrschten Einheimischen. Aber auch das Wetter war den Spaniern nicht wohl gesonnen und zerstreute die Flotte in alle Winde. Schließlich war die irische Küste nicht mehr zu umgehen. Sturm und Hunger trieben sie an Land und viele wurden von den Iren, den englischen Befehlen getreu, hingerichtet. Die *Rata Encoronada* lief in einer Bucht von

Schiffe und Kliffe
Carolines Salsa

Mayo auf Grund. Don Alonso de Leiva, der zum Stellvertreter von Medina Sidonia bestimmt war, gelang es jedoch, seine Besatzung zu evakuieren, alles Wertvolle vom Schiff zu bergen und dieses untauglich zu machen. Er richtete sich in einer verlassenen Burg in Doona ein, bis er hörte, dass die *Duquesa Santa Ana*, ein anderes Armadaschiff, in der Nähe sei. Auf ihr stach er mit seinen Leuten erneut in See und segelte – wohl vom Wind gezwungen – nordwärts, nur um vor der Küste von Donegal noch einmal Schiffbruch zu erleiden. Erneut brachte er seine Leute unbeschadet an Land, besetzte wieder eine Burg. Als er vernahm, dass die *Girona* in Killybegs lag, marschierte er zu Fuß über die Hügel. Er machte die *Girona* wieder seetüchtig, setzte erneut Segel. Diesmal nahm er absichtlich Kurs nach Norden in der Hoffnung, im unabhängigen Schottland Hilfe zu finden. Doch wieder war das Wetter gegen ihn, und am 26. Oktober 1588 sank die *Girona* mit 1300 Mann an Bord vor der nordirischen Küste. Es war der größte und letzte Schiffbruch der Armada in diesen Gewässern.

Gewiss wurden nicht alle unglücklichen Spanier, die an Irlands Ufer angeschwemmt wurden, hingerichtet; bis heute halten sich Gerüchte von spanischen Einflüssen im irischen Westen, Menschen mit dunkler Hautfarbe, dunklen Haaren. Die Connemara-Ponys sollen aus einer Kreuzung mit spanischen Pferden entstanden sein, und natürlich erzählt man sich Geschichten. Vielleicht ist deshalb die südländische Küche hierzulande so beliebt, das folgende Rezept stammt trotz seines Namens aus einer echt irischen Küche:

Carolines Salsa

8 reife Tomaten
1 rote Paprikaschote

Schiffe und Kliffe
Carolines Salsa

1 gelbe Paprikaschote
1 rote Zwiebel
4 Pfefferschoten
Saft von 1 Limette
Olivenöl

Das Gemüse putzen, waschen und sehr klein schneiden oder nach Belieben in der Küchenmaschine zerkleinern und mit dem Limettensaft und etwas Olivenöl vermischen. Mit Tachos oder auf getoastetem Brot servieren.

Finn schüttelt den Kopf: »Aber diese Gegend hat doch auch ihre eigenen Gerichte.«
Eben haben wir die Grenze nach Nordirland überquert. Von den Wachtürmen und Bunkern, die einst die Übergänge zwischen den beiden Teilen Irlands markierten, ist nichts mehr zu sehen, und wären da nicht die britisch-roten Briefkästen und die Straßenschilder mit den Distanzangaben in Meilen, wäre überhaupt kein Unterschied auszumachen.
»Zum Beispiel?«, erkundige ich mich.
»Nun, das Ulster Fry zum Beispiel«, meint Finn nach längerem Überlegen.
»Ein Herzinfarkt auf einem Teller«, grinse ich. Das Ulster Fry ist die nordirische Variante eines traditionellen Frühstücks, das den Cholesterinbedarf eines ganzen Lebens deckt.
»Aber gut ist es schon«, entgegnet Finn verträumt, »wenn es richtig zubereitet ist.«

»Man beginnt mit den Würsten.« Brendan Daly steht in seiner Hotelküche vor einer Bratpfanne mit heißem Öl, das die Würstchen zischend in Empfang nimmt.
»Dann kommt der Blackpudding und der Speck.« Erneutes Zischen. Brendan dreht die Würstchen und schiebt sie zur Seite.

»Das Kartoffelbrot.« Kleine Dreiecke aus Kartoffelbrei, Mehl und Milch, ähnlich wie Boxty, die sich sogleich mit dem goldbraunen Fett vollsaugen.
»Und die Eier!« Brendan schlägt zwei Eier in die Pfanne und dreht die Hitze herunter. »Man könnte es mit gebratenen Pilzen und gebackenen Tomaten servieren, aber traditionell gehören die nicht dazu.«
»Nein, besonders gesund ist es nicht«, gibt Brendan zu, »aber die Gäste essen es gerne.«
»Es gab schon immer Leute hier, die etwas von guter Küche verstanden«, stellt Finn fest.
Ich blicke ihn zweifelnd an.
»Der Bischof von Derry zum Beispiel.«
»Wer?«
»Frederick Hervey, Graf von Bristol und Bischof von Derry«, verkündet Finn. »Nach ihm heißen die Hotels Bristol, denn er war so verfressen, dass jede Unterkunft, in der er abstieg, sich mit ihm brüsten wollte.«
»Hat der nicht auch diesen Tempel gebaut?«
Das runde, mit einer Kuppel überdeckte Gebäude wurde 1785 dem Tempel der Vesta im römischen Tivoli nachgebaut und steht auf einem windumwehten Kliff auf dem Gelände des heute zerfallenen Downhill Castle, das der Bischof bewohnte.
»Ja, im Andenken an die Frau seines Cousins.«
Es heißt, der adrette, kleine Tempel mit Fenstern in alle Himmelsrichtungen, die einen atemberaubenden Blick über die Küste bieten, war ursprünglich als Bibliothek gedacht – oder als Boudoir für die Geliebte des Bischofs.
»Seltsame Familie.«
»Die Frau des Cousins starb mit 22, noch bevor der Tempel fertig war«, entgegnet Finn. »Zudem war Hervey ein großer Kunstsammler – Van Dyck, Raffael, Tintoretto – und er hatte das erste Wasserklosett auf dieser Insel, von Placido Colombani konstruiert, den Hervey dafür aus Italien kommen ließ.«

Ich versuche eine beeindruckte Miene zu machen.

»Sein Geschmack war dann ja wohl nicht sehr irisch«, gebe ich zu bedenken.

»Zu jener Zeit war das Irische entweder verboten oder verachtet«, verteidigt sich Finn.

»Aber früher gab es doch auch irische Herren hier oben?«

»Natürlich, in Dunluce Castle zum Beispiel.«

»War da nicht was mit einer Küche?« Ähnlich wie Herveys Tempel sitzt auch Dunluce Castle auf einem Kliff, nicht weit von dem Ort entfernt, an dem die *Girona* sank, und es heißt, die damaligen Burgherren, die mit der englischen Krone verfeindet waren, hätten die neun Überlebenden des Schiffbruchs aufgenommen, gepflegt und nach Spanien zurückgeschickt.

»Sie fiel ins Wasser.«

»Wer?«, frage ich verdutzt.

»Die Küche von Dunluce Castle – während eines Sturms«, erklärt Finn.

Ich kann mir das Lachen nicht verkneifen.

»Ist das nicht ganz in der Nähe des Giant's Causeway?« Der ›Damm des Riesen‹ ist eine eigentümliche Basaltformation aus meist sechseckigen Säulen, die sich wie Stufen aneinander reihen. Sie führen ins Meer hinein und auf der schottischen Insel Staffa gegenüber tauchen sie wieder auf.

»Ja.« Finn klingt verärgert.

»War da nicht diese Geschichte mit ...«

»Ja, ja«, fällt er mir ins Wort, »alles Geschichten.« Ich erinnere mich, dass es heißt, Finn Mac Cool habe, als er noch ein Riese war, den Giant's Causeway gebaut, weil er in Staffa eine Geliebte hatte, die Frau eines anderen Riesen.

»Wir könnten nach Belfast fahren«, sage ich nach einer Weile, um von dem heiklen Thema abzulenken.

»Nach Belfast?«, fragt Finn überrascht.

»Ja, wir könnten in der Crown Bar essen – und etwas trinken.«

Der Crown Liquor Saloon an der Great Victoria Street im Zentrum von Belfast wurde 1880 erbaut, und mit seinen Marmortischen, seinen gemalten Scheiben und Mosaiken gehört er zu den Sehenswürdigkeiten der nordirischen Hauptstadt, die man auf keinen Fall missen sollte.
»Aber – Belfast …«, Finn zögert.
»Warst du denn noch nie in Belfast?« Belfast ist – im Widerspruch zu seinem Ruf – eine sehr freundliche Stadt mit vielen ansehnlichen Backsteinbauten, alten und neuen, schönen Einkaufsstraßen und einem betriebsamen Universitätsviertel. Im Gegensatz zu Dublin hat es eine industrielle Vergangenheit, und wenn man auf die Stadt zufährt, sind schon von weitem Samson und Goliath zu sehen, die beiden Kräne von Harland and Wolff, der erst seit kurzem stillgelegten Werft, in der die *Titanic* gebaut wurde.
»Immerhin ist es die zweite Hauptstadt auf dieser Insel, der Sitz der Verwaltung, der Regierung …«, gebe ich zu bedenken.
»Noch nicht lange«, wendet Finn ein.
»Was meinst du damit?«
»Während Jahrhunderten war Emain Macha der Hauptsitz von Ulster.«
Ich erinnere mich an den grünen Hügel nicht weit von der Stadt Armagh. Von einem Erdwall umgeben stand dort einst eine mächtige, runde Halle, 40 Meter im Durchmesser. Während 4000 Jahren müssen an diesem Ort Rituale und Opfer stattgefunden haben, bevor man den riesigen Bau aus ganzen Baumstämmen errichtet und ihn – aus vergessenen Motiven – wohl in einer Zeremonie niederbrannte.
»Dann lass uns nach Emain Macha fahren«, schlage ich vor.

»Die Zwillinge der Macha«, erklärt Finn, als ich nach der Bedeutung des Namens frage.
»Und wie kam der Ort zu diesem Namen?«
»Das ist rasch erzählt«, meint Finn.
Crunniuc Mac Agnomain sah eine Frau über seine Weiden

rennen. Die Frau kam in sein Haus und begann zu arbeiten. Am Abend legte sie sich zu ihm ins Bett, und solange sie da war, fehlte es an nichts. Da wurde ein Markt abgehalten in Ulster, und alle gingen hin. Crunniuc legte sein bestes Gewand an.
»Es wäre besser, nicht allzu sehr zu prahlen«, meinte die Frau.
»Warum sollte ich prahlen?«, fragte er verwundert.
Am Abend nach dem Markt brachte der König seinen Wagen mit seinen zwei Pferden aufs Feld.
»Nichts ist schneller als diese Pferde«, sagten die Leute.
»Meine Frau ist schneller!«, behauptete Crunniuc.
Da wurde er zum König gebracht, und der ließ die Frau kommen.
»Ich bin schwanger«, sagte sie.
»Wenn du nicht rennst, stirbt dein Mann.«
»Jeder von euch wurde von einer Mutter geboren – helft mir!«, bat die Frau, aber die Leute rührten sich nicht.
Da rannte sie mit den Pferden des Königs um die Wette, und als sie den Wagen überholte, schrie sie und gebar eine Tochter und einen Sohn.
»Ich bin Macha, die Tochter des Sainrith Mac Imbaith«, sagte sie, »und dieser Ort wird auf alle Zeit den Namen meiner Kinder tragen: Emain Macha – die Zwillinge der Macha. Alle aber, die meinen Schrei gehört haben, werden mit Wehen darniederliegen in der Zeit ihrer größten Bedrängnis.«
Von da an wurden die Männer von Ulster von Wehen gepackt, wenn sie ihre Kraft am dringendsten brauchten. Nur die Knaben waren davon ausgenommen, die Frauen und Cuchulainn, der Hund von Ulster.
Während wir durch die mit Apfelbäumen besetzten Wiesen der Grafschaft Armagh fahren, erzählt Finn, wie Cuchulainn seinen Namen erhielt, weil er den Hund des Schmiedes Culann tötete und dessen Aufgaben übernahm, bis ein neuer Hund herangezogen war. Wie er sich allein dem Heer

Schiffe und Kliffe
Apfelkuchen

der Königin Maeve stellte, die gekommen war, um den Bullen von Cuailnge zu holen, während die Männer von Ulster in ihren Wehen lagen, und wie er Ferdia, seinen besten Freund, tötete …

Ich parke das Auto vor dem Besucherzentrum von Navan Fort – so der englische Name von Emain Macha –, und wir steigen den Hang hinauf. Es ist nur ein Hügel mit ein paar Bäumen, einem Wall aus Gras, und doch stehe ich voller Andacht an dem Ort, der von Legenden und Geschichten erfüllt ist.

In den irischen Sagen gelten Äpfel als Symbol des Wissens, des Lichts und der Unsterblichkeit, und jene, die in der Anderen Welt wachsen, haben besondere Kräfte. Sie heilen Wunden und Krankheiten, werden niemals kleiner, ganz gleich, wie viel man davon isst, und wer sie pflückt, wird unsterblich. Die Äpfel, die heute in der Grafschaft Armagh wachsen, werden mehrheitlich zu Cider – Apfelwein – verarbeitet, aber man kann auch wunderbare Apfelkuchen daraus backen. Mein Lieblingsrezept ist ein ganz einfaches, in dem der Geschmack der Äpfel von nichts übertönt wird.

Apfelkuchen

500 g Mehl
1 TL Backpulver
1 TL Salz
200–250 g ungesalzene Butter
50–100 g gehackte Haselnüsse
1–2 grüne Äpfel
Zucker und nach Belieben etwas Zimt
etwas Butter

Schiffe und Kliffe
Apfelkuchen

Mehl mit Backpulver und Salz mischen und auf ein Brett geben. Die Butter in Stücken dazugeben und alles miteinander verkneten, dabei nach und nach 200 ml Wasser dazugeben, bis ein geschmeidiger Teig entsteht. Diesen etwa 30 Minuten ruhen lassen. Dann den Teig möglichst dünn ausrollen und auf ein rundes eingefettetes Kuchenblech legen. Den Teig mit den Haselnüssen bestreuen. Die Äpfel schälen, entkernen und in dünne Scheiben schneiden. Kreisförmig in einer Schicht auf dem Teig auslegen, so dass sie sich kaum überlappen. Mit Zucker und etwas Zimt bestreuen, einige Butterflocken darauf verteilen und im vorgeheizten Backofen bei 200 °C backen, bis der Teig gar und die Äpfel leicht gebräunt sind.
Diesen sehr dünnen Apfelkuchen serviert man am besten heiß mit etwas flüssiger Sahne.

Der Lachs der Weisheit
Am Ende des Regenbogens

Von seinem Schreibtisch aus blickt Mark Brodie über ein Meer von grünen Buckeln, in denen Kühe und Ziegen weiden. Es war seine Mutter, die begann Käse zu machen. 1972 kauften die Brodies eine Farm in Ryefield in der Grafschaft Cavan. Zu jener Zeit hieß Käse in Irland Cheddar: orangefarbene, plastilinartige Blöcke, die mehrheitlich in einer ebenso orangefarbenen, blockförmigen Fabrik in der Grafschaft Cork produziert wurden. Marks Mutter hatte als Kind im nordirischen Lurgan ihren Großeltern beim Butter- und Käsemachen zugeschaut; sie wusste, dass Molkereiprodukte nicht nach Kunststoff schmecken mussten. In ihrer eigenen Küche stellte sie Frischkäse für ihre Familie her. Anfang der 80er Jahre begann sie, Käse zu verkaufen. Mrs. Brodie belieferte ein paar Spezialitätengeschäfte. Als das größte davon Pleite ging, bot sie ihre Käse an einem Stand auf dem Dubliner Wochenmarkt an, zusammen mit Brot und anderen Produkten. Der Frischkäse verkaufte sich ausgezeichnet. Einzig die beschränkte Haltbarkeit war ein Problem. Die Brodies legten den Käse zu Bällen gerollt in Öl ein. Sie experimentierten mit Kräutern, Knoblauch. An ihrem Marktstand stieg der Umsatz, doch die Großhändler schlugen die Hände über dem Kopf zusammen: Käse in Öl – das war zu anders, zu ungewohnt. Bis eine der exklusiveren Supermarktketten ihn ins Sortiment nahm. Die Gläser mit den trüffelgroßen, weißen Bällen waren ein Erfolg, und seit 1991 ist der Boilíe-Käse der Brodies in jedem irischen Supermarkt zu finden. 1992 erschien ein Ziegenfarmer aus der Gegend mit überschüssiger Milch, und die Brodies begannen nach dem gleichen Verfahren Frischkäse aus Ziegenmilch herzustellen, der nun über 60 Prozent des Umsatzes ausmacht.

Heute beschäftigt Ryefield Farm neun Leute, Hausfrauen aus der Gegend, die rechtzeitig wieder zu Hause sind, wenn ihre Kinder aus der Schule kommen. Und natürlich ist Ryefield Farm längst keine Farm mehr, sondern ein blitzsauberes, kleines Fabrikgebäude mit modernsten Einrichtungen, das auf der Kuppe einer der grasbewachsenen, buckelartigen Drumlins steht, für die diese Gegend bekannt ist. Fast 40 Prozent der Produktion wird exportiert, 10 Prozent in die USA, der Rest nach Schweden, Dänemark, Belgien und Italien.

Natürlich gab es auch Misserfolge: Der Hartkäse war eine Katastrophe, der fettarme Cheddar war eine Katastrophe, das Joghurt war eine Katastrophe, Mark schüttelt sich vor Lachen. Er ist Buchhalter von Beruf, hat für verschiedene Nahrungsmittelhersteller gearbeitet, bis er vor sechs Jahren in den Familienbetrieb einstieg.

»Es ist besser, ein Käsemacher zu sein als ein Buchhalter«, sagt er.

Der Name Boilíe übrigens stammt von einer Straßenbezeichnung in der Nähe, Boilíe Road, es klang nach Bällen, Rollen. Erst einige Jahre später erfuhren die Brodies, dass Boilíe auf Gälisch einen Ort zum Melken bezeichnet. Mark grinst. Und doch kann nicht alles Zufall gewesen sein?

»Man macht sein eigenes Glück«, meint er, »und wenn man etwas lange genug versucht, dann setzt man sich zum Schluss auch durch.«

Variationen mit Boilíe

Anstatt der Boilíe-Bällchen kann man auch Frischkäse verwenden, wie er an vielen Käsetheken in Supermärkten angeboten wird.

Gebackene Tomaten mit Boilíe-Füllung
Die Tomaten putzen, waschen, aushöhlen und mit einem Boilíe-Ball füllen. Etwas Öl darüber gießen, mit Parmesan oder Kräutern bestreuen und im Ofen bei 220 °C 20 Minuten backen.

Boilíe mit Preiselbeersauce
Eine weitere Möglichkeit ist, den Boilíe wie ein Päckchen in Filoteig einschlagen, im Ofen etwa 20 Minuten bei 220 °C backen und heiß mit Preiselbeersauce servieren.

»Und jetzt?«, frage ich Finn, als wir wieder im Auto sitzen, aber ich weiß die Antwort schon. Eine Reise auf einer Insel führt immer im Kreis und der Anfang ist auch das Ende.
»Newgrange?«, frage ich, nachdem wir eine Weile gefahren sind.
»Ja, warum nicht«, willigt Finn ein.
Newgrange ist nur eine halbe Stunde von Julianstown entfernt, und ich bin in den Jahren hier unzählige Male dort gewesen. Aber der Ort verliert nichts von seiner Anziehungskraft.
In einer Schlaufe des Flusses Boyne liegen drei steinzeitliche Gräber, älter als die Pyramiden, kurz nach der Sintflut erbaut: Dowth, Newgrange und Knowth. Unter künstlich aufgeschütteten Hügeln führen Gänge, die aus mächtigen Steinen gebaut sind, in Kammern, in denen die Bewohner der Insel vor 5000 Jahren ihre Toten begruben. Dowth ist schon vor langer Zeit eingestürzt und nur noch ein grasbewachsener Krater in der Landschaft. Newgrange ist unversehrt, einzig die Vorderseite wurde in den 1960er Jahren mit dem, was sich um den Hügel zerstreut fand, wieder aufgebaut: eine Fassade aus weißen Quarzblöcken. Der Eingang wird von einem mächtigen Felsblock geschützt, auf dem die wohl berühmtesten und sicher ältesten Spiralen dieser Insel eingemeißelt sind. Über der niedrigen Öffnung ist ein Fenster in der Wand, durch das am kürzesten Tag die Sonne den 25 Meter langen Gang hinauf in die Grabkam-

mer scheint. Deren Decke besteht aus aufeinander geschichteten Steinplatten und ist bis heute wasserdicht. Manche der Steine, so haben die Archäologen festgestellt, sind auch an der Rückseite verziert, unsichtbar für das menschliche Auge, und man kann deshalb vermuten, dass die Erbauer an körperlose Wesen glaubten – Götter, Seelenwanderung, Metempsychose. Sicher ist, dass sie einer hoch entwickelten Gesellschaft entstammten, die es sich leisten konnte, den Lauf der Gestirne zu studieren und über Jahrzehnte, wenn nicht Jahrhunderte, ein Bauwerk wie dieses zu konstruieren. Knowth, das dritte der Gräber, ist am reichsten verziert. Hier führen zwei Gänge in den Hügel hinein, und die Ornamente auf den Blöcken, die in einem Ring um den Grabhügel liegen, müssen für die Menschen der Zeit wie ein Kreis von Gebeten zu lesen gewesen sein.

Als wir aus dem Gang von Newgrange wieder ans Tageslicht treten, blicken wir auf den Boyne hinunter, der anmutig durch die Wiesen fließt. Boann, so heißt es, war mit Nechtan, dem König von Leinster, verheiratet, aber sie war keine sehr gehorsame Ehefrau. Dreimal ging sie um die heilige Quelle herum, die Nechtan in seinem Garten hatte, obwohl dies Frauen verboten war. Da erhob sich das Wasser und verfolgte Boann durch die Hügel von Meath bis zum Meer, und so entstand der Boyne.

»Und der Lachs?«, frage ich.

Finn räuspert sich: »Der Lachs war das weiseste aller Geschöpfe, denn er hatte die Nüsse der Klugheit geschluckt, die von einem Haselstrauch in den Fluss Boyne fielen. Und es hieß, wer den in den Farben des Regenbogens schimmernden Fisch verzehrte, würde dessen Weisheit erlangen. Sieben Jahre wartete der Druide Finegas am Ufer des Flusses, bis ihm der gescheite Lachs endlich ins Netz ging. Während er seinen Fang über dem Feuer briet, kam Finegas Schüler daher, und der Druide – gelangweilt von der alltäglichen Kocherei – hieß den Jungen, auf den brutzelnden Fisch aufzupassen. Der Schüler allerdings war kein sehr begabter

Der Lachs der Weisheit
Lachs mit Zitronenbutter

Koch, und prompt verbrannte er sich den Daumen am Lachs. Rasch steckte er den schmerzenden Finger in den Mund, wie man das so tut, und damit erhielt er – und nicht der Druide Finegas – die Weisheit des Lachses.«
»Und der Schüler warst du?«
»Ja«, bestätigt Finn.
»Aber die Geschichte mit der eifersüchtigen Fee, ging es da nicht auch um Weisheit?«, erkundige ich mich nach einiger Zeit.
Finn lächelt: »Ein Teil der Weisheit wird einem geschenkt, den anderen Teil muss man sich verdienen.«
An diesem Abend lade ich Finn nach Rosemount ein und ich koche meinen Lachs für ihn.

Lachs mit Zitronenbutter

Für 4 Personen:
reichlich Fischfond
1 ganzer Lachs (küchenfertig)
200 g Butter
Saft von 3 Zitronen
Pfeffer und Salz

Den Fischfond am besten in einer länglichen Fischpfanne aufkochen. Den Lachs in den Sud geben und auf kleiner Hitze je nach Gewicht etwa 20 Minuten ziehen lassen, bis er gar ist.
In einer anderen Pfanne die Butter mit dem Zitronensaft und etwas Pfeffer und Salz erwärmen, ohne dass sie braun wird.
Den Fisch auf einer vorgewärmten Platte häuten, zerteilen, mit etwas heißer Zitronenbutter übergießen und sofort servieren.
Das Fleisch des Lachses ist fettreicher als das von anderen Fischen und hält sich daher besser. Es kann, im Kühlschrank aufbewahrt, auch gut am nächsten Tag noch kalt gegessen werden.

Als ich am folgenden Morgen erwache, ist Finn verschwunden. Es regnet, wie so oft in diesem Sommer, und während ich mein Butterbrot mit einer etwas dickeren Schicht Pflaumenkonfitüre bestreiche, denke ich an all das, was ich mit Finn erlebt habe. Es scheint unglaublich, dass er nicht mehr da ist. Doch was für die Weisheit gilt, gilt wohl auch für die Liebe: Ein Teil wird einem geschenkt, einen Teil muss man sich verdienen – die Liebe zu einem Menschen, einem Helden oder zu einer Insel. Nach einer Weile bricht die Sonne durch die Wolken und ein Regenbogen spannt sich über mein Tal. Man macht sein eigenes Glück, sagte der Käsemacher, und ich bin sicher, dass ich Finn eines Tages wiedersehen werde.

Zum Trost hier noch mein Rezept für Pflaumenkonfitüre:

Damson-Konfitüre

Damsons – Damaszenser – sind eine der vielen Arten von Pflaumen, die bei uns wachsen. Rosemount war einst ein Obstgarten, und in einem guten Jahr füllt sich meine Küche im Herbst mit Körben voll Zwetschgen, denen ich auf alle möglichen Weisen beizukommen versuche, als Kompott, süß-sauer eingemacht, als Chutney, als Sorbet, als Sauce oder eben als Konfitüre.

3 kg Damsons
3 kg Zucker (oder Gelierzucker)
1 l Wasser oder Apfelwein (der ebenfalls dafür sorgt, dass die Marmelade geliert)

Damsons bestehen fast nur aus Haut und Stein und werden deshalb ganz gekocht, bis die Steine sich lösen und abgeschöpft werden können.

Der Lachs der Weisheit
Damson-Konfitüre

Früchte waschen, mit dem Wasser in eine eingefettete Stahlpfanne (damit die Früchte nicht am Boden festkleben) geben und auf kleiner Hitze dämpfen, bis die Schalen platzen. Zucker hinzufügen und rühren, bis er sich auflöst. Hitze erhöhen und unter häufigem Rühren kochen, bis die Steine an die Oberfläche steigen und abgeschöpft werden können. Nach etwa 15 Minuten testen, ob die Konfitüre geliert. (1 TL Konfitüre auf einen kalten Unterteller geben und für 1 bis 2 Minuten abkühlen lassen. Wenn sich auf der Konfitüre eine Haut bildet, ist sie fertig.) In sterilisierte Gläser füllen und verschließen.

Ich gieße, wenn vorhanden, kurz vor dem Abfüllen noch einen Schluck Zwetschgenschnaps dazu.

Gabrielle Alioth wurde 1955 in Basel geboren. Nach einem Studium der Wirtschaftswissenschaften und der Kunstgeschichte und einer mehrjährigen Tätigkeit in der Konjunkturforschung übersiedelte sie 1984 mit ihrem Mann nach Irland. Dort arbeitete sie anfangs als freie Übersetzerin, dann als Journalistin für deutschsprachige Zeitungen und den Rundfunk. Seit 1990 veröffentlichte sie mehrere Romane, zuletzt *Die stumme Reiterin* (1998) und *Die Erfindung von Liebe und Tod* (2003) und die Kinderbücher *Das magische Licht* (2001) und *Im Tal der Schatten* (2002).

Mehr über die Autorin erfahren Sie unter
www.gabriellealioth.com

Quellenvermerk

Heinrich Böll (S. 99)
    aus: *Irisches Tagebuch*, © 1957, 1988, 1996, 2000 by Kiepenheuer & Witsch, Köln
    Abdruck mit freundlicher Genehmigung des Verlags.
James Joyce (S. 19, 20, 21, 22)
    aus: *Ulysses* (Übers.: Hans Wollschläger), © 1976 by Suhrkamp Verlag, Frankfurt
    Abdruck mit freundlicher Genehmigung des Verlags.
César Keiser (S. 101)
    aus: *Limericks*, © ²1998 by Benteli Verlag, Bern
    Abdruck mit freundlicher Genehmigung des Autors.
Bernard Shaw (S. 19)
    aus: *John Bull's Other Island* (Übers.: Siegfried Trebitsch), © by Suhrkamp Verlag, Frankfurt
    Abdruck mit freundlicher Genehmigung des Verlags.

Beiträge in René Groebli, *Irland*, © 2000 Syndorpress, Cham

Register

Die Grundzutaten sind alphabetisch aufgeführt: so lassen sich die einzelnen Rezepte leicht finden. Vegetarische Gerichte sind kursiv gesetzt.

Äpfel
  Apfelkuchen 158
  Blackpudding mit Kartoffeln
  und Äpfeln 81
  Chutney 64
Apfelwein
  Limerick Ham 54
Avocado
  Warmer Muschelsalat 114
Blutwurst
  Blackpudding mit Kartoffeln
  und Äpfeln 81
  Pizza mit Blackpudding 82
Brennnessel
  Brennnesselsuppe 129
Brot
  Christmas Pudding 47
  Soda-Brot 17
Brunnenkresse
  Brunnenkresse-Salat 42
Buttermilch
  Boxty 139
  Soda-Brot 17
Christmas Pudding 47
Essig
  Chutney 64
Frischkäse
  Ingwer-Käse-Kuchen 145
  Variationen mit Boilie 162
Garnelen
  Dublin Prawns in Bierteig 45
Gin
  Sloe Gin 75

Guinness
  Dublin Prawns in Bierteig 45
  Christmas Pudding 47
Hummer
  Dublin Lawyer 39
Ingwer, Ingwerkekse
  Ingwer-Käse-Kuchen 145
  Irish Coffee 102
Karotten
  Dingle Pies 91
  Irish Stew 24
Kartoffeln
  Irish Stew 24
  Boxty 139
  Kale mit Kartoffelbrei 31
  Blackpudding mit Kartoffeln
  und Äpfeln 81
Kohl, Grünkohl
  Kale mit Kartoffelbrei 31
Lachs
  Smoked Salmon Mousse 122
  Lachs mit Zitronenbutter 165
Lamm
  Dingle Pies 91
  Irish Stew 24
Lauch
  Brennnesselsuppe 129
Mandarine
  Ingwer-Käse-Kuchen 145
Muscheln
  Warmer Muschelsalat 114
Paprika
  Carolines Salsa 152

Pilze
  Blackpudding mit Kartoffeln und Äpfeln 81
  Brunnenkresse-Salat 42
  Ravioli mit Wood-Pigeon-Füllung 130
Pflaumen
  Damson-Konfitüre 166
Preiselbeeren
  Variationen mit Boilíe 163
Radieschen
  Brunnenkresse-Salat 42
Rosinen
  Christmas Pudding 47
Salat, Kopf- oder Eisberg-
  Warmer Muschelsalat 114
Schinken, geräucherter
  Limerick Ham 54
Schlehen
  Sloe Gin 75
Scones 60

Sellerie
  Chutney 64
Taube **oder** Wachtel
  Ravioli mit Wood-Pigeon-Füllung 130
Teigwaren
  Dingle Pies 91
  Dublin Prawns in Bierteig 45
  Ravioli mit Wood-Pigeon-Füllung 130
Tomate
  Carolines Salsa 152
  Variationen mit Boilíe 163
Tomate, grüne
  Chutney 64
Whiskey
  Dublin Lawyer 39
  Christmas Pudding 47
  Irish Coffee 102
Ziegenkäse
  Pizza mit Blackpudding 82

Inhalt

Vorwort *5*

Brot und Regen
In Margarets Küche *11*

Träume
Von Nobelpreisträgern und Nierchen *19*

Gemüse und Gedichte
Frauenemanzipation auf irisch *27*

Stars und Staus
Die lange Fahrt nach Dublin *33*

Das Vermächtnis der Rebellen
Tafelfreuden und Theater auf Dublins Nordseite *43*

Die vier Ecken der Erkenntnis
Nationale Sammlungen und Schätze *51*

Gewürztes und Gemischtes
Ferne Düfte auf Dublins Südseite *59*

Die Spiralen der Zeit
Von Druiden, Hexen und dem Weißdorn der Feen *67*

Blut und Sünde
Die Iren und ihr Herrgott *77*

Inhalt

Victoria, Gallus und der König der Welt
Ausgewähltes aus dem Südwesten   *87*

Gedanken-Flüge
Limerick von ferne   *99*

Zauber aus dem Sack
Die Klänge von Clare   *107*

Die Liebe in Galway
Irlands weltoffener Westen   *117*

Das Delphi der Angler
Geschichten von irischen Seen   *125*

Die Landschaft im Kopf
Die Felder von Mayo   *135*

Ardnamona
In den Mooren von Donegal   *141*

Schiffe und Kliffe
Nordirische Ansichten   *151*

Der Lachs der Weisheit
Am Ende des Regenbogens   *161*

Quellenvermerk   *170*

Register   *171*